STATISTIQUE DÉTAILLÉE

DES

SOURCES MINÉRALES EXPLOITÉES

OU AUTORISÉES

EN FRANCE ET EN ALGÉRIE,

AU 1er JUILLET 1882.

MINISTÈRE DES TRAVAUX PUBLICS.

DIRECTION DES ROUTES, DE LA NAVIGATION ET DES MINES.

SERVICE DE LA STATISTIQUE DE L'INDUSTRIE MINÉRALE.

STATISTIQUE DÉTAILLÉE DES SOURCES MINÉRALES EXPLOITÉES OU AUTORISÉES EN FRANCE ET EN ALGÉRIE,

AU 1er JUILLET 1882.

PARIS.

IMPRIMERIE NATIONALE.

1883.

NOTICE EXPLICATIVE.

Au point de vue de leurs propriétés curatives et de leur application aux malades, les eaux minérales font partie intégrante du domaine médical. Mais l'étude de leur origine souterraine, les travaux de captage souvent indispensables pour empêcher leur mélange avec les eaux superficielles, les mesures administratives destinées à leur protection, à laquelle s'attache un intérêt public, rentrent dans le cercle des connaissances spéciales et dans les attributions des ingénieurs des mines. Les médecins inspecteurs, d'une part, les ingénieurs, de l'autre, remplissent, au nom de l'État, une mission tutélaire : les premiers, à l'égard des malades, en contrôlant l'exploitation des eaux, préalablement assujetties à une autorisation rendue sur l'avis de l'Académie de médecine; les seconds, à l'égard des propriétaires des sources, en déterminant les conditions du sous-sol qui nécessitent une protection et en assurant, au besoin, cette protection dans un certain périmètre fixé par décret.

Le rôle des uns et des autres est nettement défini par la législation actuelle, qui tient tout entière dans l'ordonnance royale du 18 juin 1823, la loi du 14 juillet 1856, les deux décrets des 8 septembre 1856 et 28 janvier 1860 et la loi du 12 février 1883.

Bien que l'intervention des ingénieurs des mines n'ait pris un caractère légal qu'à dater de la loi de 1856, l'Administration des mines a compris les renseignements concernant les sources minérales dans le cadre de la statistique de l'industrie minérale, dès 1834, et a publié en 1842, dans le Compte rendu des travaux des ingénieurs des mines un *Tableau général des sources minérales connues en France en 1840*. Elle a fait paraître, trois ans après, dans le même recueil, un tableau analogue, beaucoup plus complet et plus détaillé, pour l'année 1844, sous le titre de *Description physique des sources minérales connues en France.*

Mais ce travail ne fut plus renouvelé.

Les publications officielles relatives au même sujet sont très peu nombreuses. On peut citer à ce titre, comme une des plus anciennes, le *Catalogue raisonné,* accompagné d'une *Notice de toutes les eaux minérales de ce royaume,* publié par Carrère en 1785, d'après le vœu de l'Académie de médecine; de même, l'*Annuaire des eaux de la France pour 1851-1854,* rédigé par une Commission spéciale, suivant l'ordre du Ministre de l'agriculture, du commerce et des travaux publics, annuaire dont le deuxième volume est consacré aux sources minérales, à leur description et à leurs analyses chimiques; enfin les *Rapports généraux au Ministre de l'agriculture et du commerce sur le service médical des eaux minérales de la France* faits chaque année, au nom de la Commission permanente des eaux minérales de l'Académie de médecine, après réception des rapports des médecins-inspecteurs des établissements thermaux.

Il existe de nombreuses monographies, des guides, des dictionnaires et d'autres ouvrages se rapportant aux sources minérales.

L'application thérapeutique des eaux fait l'objet de toutes ces publications : aucune d'elles, à l'exception des tableaux dressés par les ingénieurs des mines pour 1844, ne constitue une *statistique* proprement dite et ne renferme, dans un cadre uniforme et pour une année déterminée, un ensemble de données numériques concernant l'exploitation des établissements thermaux.

Depuis cette époque, l'usage des eaux s'est singulièrement vulgarisé. Grâce aux facilités de locomotion dues à la construction des chemins de fer, les établissements ont reçu presque partout de plus nombreux baigneurs et se sont agrandis. Des sources autrefois ignorées ont été aménagées et livrées à l'usage public, tandis que les malades ont délaissé un certain nombre de thermes autrefois en faveur.

Les changements survenus dans cet intervalle de trente-huit années ont paru motiver amplement un nouveau recensement de nos sources minérales. M. le Ministre des travaux publics a chargé de cette tâche les ingénieurs des mines, en confiant au service de la statistique de l'industrie minérale le soin de préparer le cadre du travail, de coordonner les renseignements recueillis et de les publier sous la forme la plus convenable.

Les noms des sources, ceux des départements et des communes où elles sont situées, la situation géologique des orifices qui leur livrent passage, leur nature au point de vue chimique, leur température, leur débit, leur mode d'administration, les noms des établissements thermaux, le nombre de baignoires et de piscines que chacun d'eux renferme, leur fréquentation par les malades, les localités auxquelles sont attachés des médecins-inspecteurs, telles sont les principales indications de cette statistique. Des recherches exécutées dans les archives du ministère des travaux publics, de celui du commerce, dans les préfectures, sans parler du *Bulletin des lois*, ont permis d'y faire figurer accessoirement les dates des actes administratifs concernant chaque source, tels que l'autorisation ministérielle, le décret de déclaration d'intérêt public, la fixation d'un périmètre de protection.

Toutes les sources autorisées (sauf omission) y trouvent place. Dans ce nombre celles qui ont cessé d'être exploitées, et qui ne montent d'ailleurs pas à plus de 69, se distinguent des autres en ce que leur nom est en italiques; elles ne sont pas comprises dans les totaux et ne figurent pas dans le tableau final qui résume, par département, la statistique des sources minérales exploitées au 1er juillet 1882.

Parmi les sources dépourvues d'autorisation, dont un certain nombre sont exploitées sans que toutes les formalités administratives aient encore été remplies, celles qui n'ont acquis aucune importance jusqu'à ce jour n'ont pas été comprises dans ce recensement, à la différence des deux précédents. Malgré cette réduction voulue, la statistique de 1882 compte 1,102 sources, dont 1,027 exploitées, chiffre supérieur à celui de 1844, qui indiquait 864 sources connues, et qui se réduit à 750 environ, si on défalque du total les sources désignées comme n'étant d'aucun usage thérapeutique ou d'un emploi insignifiant.

En élaguant ainsi quelques renseignements difficiles à recueillir avec précision et superflus aujourd'hui, l'Administration a pu demander aux ingénieurs de se livrer à des investigations plus détaillées sur chaque source en particulier, notamment au sujet de leur température, de leur débit et de la nature des eaux, données qui figurent seulement *in globo*, par établissement, dans la *Description physique des sources connues en France en 1844.*

— Il nous a semblé très utile de faire suivre cette statistique d'un tableau synoptique donnant, par département, la récapitulation des sources minérales et des établissements thermaux, avec les données numériques qui s'y rapportent; et pour rendre plus intéressant ce résumé, nous avons cru devoir y introduire un classement des sources d'après leur composition et un autre d'après leur température.

Les eaux contiennent en dissolution des substances très nombreuses, puisqu'elles renferment nécessairement, en proportion plus ou moins grande, tous les éléments solubles des terrains dans lesquels elles circulent ou qu'elles traversent avant de jaillir à la surface du sol. La multiplicité de ces éléments, dont l'analyse chimique ne révèle pas toujours le mode de combinaison d'une manière certaine, rend très difficile et très compliquée la classification rationnelle des eaux minérales; et la nécessité de tenir compte de leur action sur l'économie animale, de leur rôle médical, qui paraît souvent dû à la présence de certaines substances qui s'y trouvent en quantités minimes, vient encore augmenter la difficulté. Aussi n'y a-t-il pas lieu de s'étonner que les hydrologues ne soient pas encore parvenus à se mettre d'accord pour l'adoption d'une classification. L'Annuaire des eaux de la France range les sources dans onze divisions ou subdivisions, d'après leur composition chimique. Mais on suit généralement un ordre plus simple et qui paraît mieux convenir à une récapitulation statistique, en se bornant à diviser les eaux minérales en quatre groupes d'après leur caractère médico-chimique prédominant, savoir :

1° Eaux sulfureuses; 2° eaux alcalines; 3° eaux ferrugineuses; 4° eaux salines.

Ce classement a été adopté comme étant le plus simple et le plus répandu. On peut s'en contenter dans un travail où les analyses chimiques des eaux ne trouvent pas de place. D'ailleurs l'un des avantages de cette statistique détaillée est de désigner chaque source individuellement; il en résulte pour les médecins, les chimistes et les géologues la faculté de se livrer à telles autres divisions qui leur paraîtraient mieux répondre à l'objet particulier de leurs propres études.

I. *Eaux sulfureuses.* — L'hydrogène sulfuré soit à l'état libre, soit à l'état de sulfure alcalin, caractérise ces eaux. Toutes celles qui ont été désignées comme dégageant ce gaz ont été rangées dans cette première classe : telles sont les eaux d'Amélie-les-Bains, de Bagnères-de-Luchon, de Saint-Sauveur, de Cauterets, les Eaux-Bonnes, celles d'Allevard, d'Aix-les-Bains, d'Enghien.

II. *Eaux alcalines.* — La seconde classe comprend les sources non sulfureuses où prédomine la soude à l'état de carbonate ou de bicarbonate, avec ou sans dégagement d'acide carbonique. Vichy et Vals sont des types de ce genre d'eaux minérales. Les carbonates alcalins sont fréquemment accompagnés d'autres substances, comme le carbonate de chaux, le chlorure de sodium et quelquefois la silice, en quantités assez notables pour qu'on hésite à ranger certaines sources parmi les eaux alcalines plutôt que parmi les eaux salines. De ce nombre sont celles de Plombières (bicarbonatées silicatées sodiques), du Puy-de-Dôme (chloro-bicarbonatées), de Saint-Galmier (acidules sodiques et calciques), etc., qui sont comptées avec les alcalines.

III. *Eaux ferrugineuses.* — Ces eaux renferment des sels alcalins ou calcaires accompagnés de carbonate de fer tenu en dissolution grâce à un excès d'acide carbonique. Toutes sortes d'eaux peuvent être ferrugineuses. On n'a rangé dans la troisième classe que les eaux, non sulfureuses, dont le fer forme le caractère principal, comme sont celles d'Orezza et de Sylvanès.

IV. *Eaux salines.* — Cette classe comprend des eaux généralement complexes; les unes sont caractérisées par le chlorure de sodium, comme Bourbonne, Luxeuil, Bourbon-l'Archambault, Balaruc, ou par le sulfate de soude, comme Évaux, Bains; et les autres par le carbonate ou par le sulfate de chaux, comme Pougues, Cransac, Contrexéville, Aulus.

D'après cette classification sommaire, les 1,027 sources minérales qui ont été exploitées en France en 1882 se divisent ainsi :

I.	Sources sulfureuses	319
II.	——— alcalines	354
III.	——— ferrugineuses	135
IV.	——— salines	219
	Total	1,027

Les quatre espèces d'eaux minérales sont donc abondamment représentées dans notre pays.

— La seconde classification des sources a trait à leur température. Elle comprend deux divisions : 1° les eaux froides ou tempérées qui n'accusent pas plus de 15 degrés, au thermomètre centigrade; 2° les eaux thermales proprement dites, dont la température excède 15 degrés. La limite de ces deux catégories est nécessairement arbitraire; il était indispensable de la fixer pour les besoins du calcul.

La température d'une source est l'indice de la profondeur à laquelle pénètrent, au sein de la terre, les eaux qui lui donnent naissance; c'est une donnée d'un haut intérêt. Sa signification n'est toutefois plus la même, chaque fois qu'il y a un mélange de l'eau thermale avec des infiltrations superficielles; dans ce cas la température de l'eau minérale s'abaisse. En conséquence, un semblable abaissement, lorsqu'il est possible de le constater, indique généralement le défaut d'isolement et l'insuffisance du captage d'une source. C'est un cas fréquent. Il en résulte que la comparaison de l'ensemble des sources de la France, au double point de vue de leur température et de leur composition, ne peut fournir des conclusions théoriques rigoureuses.

Cette comparaison conduit cependant à des notions instructives. On a reconnu depuis longtemps que les eaux sulfureuses sont généralement douées d'une température élevée, tandis que les sources ferrugineuses sont habituellement froides; on a constaté aussi que de semblables règles comportent de nombreuses exceptions.

Pour aborder un examen de ce genre, il est indispensable de distinguer les eaux sulfureuses suivant qu'elles ont pour élément principal des carbonates alcalins ou du sulfate de chaux : les premières viennent généralement d'une assez grande profondeur, tandis que les secondes sont souvent superficielles, et les réactions chimiques qui ont donné naissance à l'hydrogène sulfuré paraissent avoir été bien différentes dans les deux cas. D'autre part, il est bon de diviser les sources salines en deux catégories : celles où le chlorure de sodium ou bien le sulfate de soude dominent, et celles où l'on constate surtout la présence du carbonate et du sulfate de chaux.

Si on dénombre les sources exploitées qui appartiennent à ces différents genres, en ayant égard à leur température, on arrive aux chiffres ci-dessous :

NATURE DES EAUX.		NOMBRE DES SOURCES		TEMPÉRATURE MAXIMA.
		FROIDES.	THERMALES.	
I. Sulfureuses.	Alcalines	29	218	78° (Olette : *source de la Cascade.*)
	Calciques	54	18	47° (Aix-les-Bains : *source d'Alun.*) 23° (Castéra-Verduzan, Fonsanges.)
II. Alcalines		132	222	81° (Chaudesaigues : *source du Parc.*)
III. Ferrugineuses		106	29	36° (Sylvanès : *source des Moines.*)
IV. Salines	Chlorurées et sulfatées sodiques	22	100	69° (Luxeuil : *source du Grand-Bassin.*)
	Carbonatées et sulfatées calciques	43	54	50°8 (Bagnères-de-Bigorre : *source Théas.*)
TOTAUX		380	641	
		1,027		

Ce tableau montre que plus du tiers des eaux minérales sont froides, ou bien ont une température inférieure à 15 degrés centigrades; que dans cette catégorie entrent la plupart des eaux sulfureuses à base calcaire et des eaux ferrugineuses; que les eaux thermales par excellence sont les eaux sulfureuses alcalines; enfin que les eaux chlorurées ou sulfatées sodiques et ensuite les eaux alcalines simples sont chaudes, pour le plus grand nombre.

On peut dire que la présence de la soude, combinée avec un acide quelconque, caractérise les eaux thermales et que les eaux chargées de sels calcaires (et qui doivent probablement, dans bien des cas, leurs propriétés thérapeutiques à des réductions opérées sous l'influence de matières végétales, non loin de la surface du sol) ne jouissent d'ordinaire que d'une très faible thermalité ou bien sont froides. Car leur température ne dépasse pas 23 degrés, si on laisse de côté Aix-les-Bains, qui constitue un cas exceptionnel.

Si on groupe les sources sulfureuses calciques et salines calciques, en leur adjoignant les sources ferrugineuses (dont quelques-unes cependant contiennent autant et même plus de soude que de chaux), on trouve 201 sources froides contre 100 thermales; tandis que les sources alcalines, simples ou sulfureuses, et les sources salines sodiques se décomposent en 541 sources chaudes (dont la température va jusqu'à 81°) et en 185 sources froides seulement. Pour les premières, la proportion numérique des sources thermales proprement dites ne dépasse pas de 33 p. 100, tandis qu'elle s'élève à 75 p. 100 pour les secondes, dont le degré de thermalité est, en outre, généralement beaucoup plus élevé.

— Les ingénieurs des mines ont fourni pour chaque source l'indication géologique du terrain d'où l'eau vient émerger. Ces renseignements, reproduits dans la *Statistique détaillée*, mais qui n'ont pu trouver place dans le *Résumé général*, se prêtent à un examen analogue au précédent. On comprend d'ailleurs qu'ils ne peuvent conduire à des conclusions bien nettes, à cause de la difficulté précédemment signalée de bien classer les sources, de l'impossibilité de porter les investigations jusqu'à leur lieu d'origine, et surtout à cause de la complexité des phénomènes géologiques. Considérant que la composition des eaux dépend de la nature des terrains qu'elles parcourent, le savant Brongniart a cherché à diviser les eaux minérales en cinq groupes en rapport : 1° avec les terrains primitifs; 2° les terrains trachytiques ou volcaniques; 3° les terrains de transition; 4° les terrains de sédiment inférieurs; et 5° les terrains de sédiment supérieurs. Ses recherches n'ont abouti à rien de bien concluant, comme on pouvait le présumer d'avance. C'est donc seulement pour remplir un devoir que nous condensons ici les intéressantes données des ingénieurs sur le *gisement* des eaux minérales, de ces *filons aquifères*, comme on les a parfois nommées, et que nous en présentons le résumé *au point de vue statistique*. A cet effet, réduisant la classification géologique à la plus grande simplicité, nous adopterons les trois divisions suivantes : 1° *terrains sédimentaires*, c'est-à-dire toute la série de terrains stratifiés déposés par les eaux, y compris le terrain de transition; 2° *terrains cristallins*, en désignant sous ce nom le terrain primitif et en y englobant les roches éruptives de tout âge et les filons; 3° terrains sédimentaires au *contact* ou au voisinage des terrains cristallins.

Les sources de diverses natures qui ont été exploitées en 1882 se répartissent de la façon suivante dans ces trois divisions géologiques :

NATURE DES SOURCES.		1° TERRAINS SÉDIMENTAIRES.	2° TERRAINS CRISTALLINS.	3° CONTACT.	TOTAUX.
I. Sulfureuses...	Alcalines	98	94	55	247
	Calciques	68	"	4	72
II. Alcalines		65	244	45	354
III. Ferrugineuses		95	32	8	135
IV. Salines......	Chlorurées et sulfatées sodiques	76	21	25	122
	Carbonatées et sulfatées calciques	60	15	22	97
Totaux		462	406	159	1,027

On voit que les eaux minérales prédominent dans les terrains sédimentaires, si l'on fait abstraction de 159 sources de la troisième catégorie jaillissant soit dans le voisinage, soit au contact des terrains cristallins. Mais si l'on réunit ces dernières sources, qui forment 15 p. 100 du total général, à celles qui émergent du terrain primitif ou des roches éruptives, comme participant à la même origine, on obtient un total de 565 sources à placer en regard des 462 de provenance sédimentaire, c'est-à-dire un notable excédent en faveur des roches cristallines. Les terrains stratifiés contiennent, pour ainsi dire, toutes les sources sulfureuses calcaires, environ 70 p. 100 des sources ferrugineuses, près des deux tiers des sources salines (qu'elles soient sodiques ou calciques), 40 p. 100 des sources alcalines sulfureuses et seulement le cinquième ou le sixième des autres sources alcalines. La plupart des sources alcalines simples paraissent tirer leur origine des terrains cristallins, qui donnent aussi naissance à une bonne partie des sources alcalines sulfureuses et à un nombre relativement moindre de sources salines. Ces dernières ont été rencontrées plus particulièrement au contact des terrains précédents avec les terrains stratifiés, lorsqu'elles ne sourdaient pas simplement de ces derniers.

Les terrains sédimentaires proviennent des érosions de l'écorce du globe, sous l'action des eaux; on y rencontre donc tous les éléments constitutifs de cette écorce. Les principes chimiques des eaux minérales se trouvent par conséquent aussi bien dans les sédiments que dans les roches primitives, mais dans des conditions et des proportions différentes. C'est ainsi que les eaux souterraines se chargeront plus communément et en plus grande quantité de sels de chaux en filtrant au travers des bancs calcaires, et de sels de soude en corrodant les granites et les roches ignées. Mais si elles circulent dans les arkoses ou dans des grès contenant des grains de feldspath, des galets granitiques ou porphyriques, etc., elles se chargeront également de carbonate sodique et pourront donner naissance à des eaux minérales alcalines. Sans qu'il soit besoin de multiplier les exemples, on s'explique donc aisément que des sources plus ou moins analogues se rencontrent dans des régions absolument différentes sous le rapport de leur classification géologique, et qu'il ne soit guère possible d'établir, à ce point de vue, entre les nombreuses variétés d'eaux minérales, des démarcations aussi tranchées et aussi simples qu'on pourrait être tenté de le supposer, avant de s'être livré à un examen approfondi de la question.

La prédominance des sources thermales, principalement des sources alcalines, dans le sein ou à proximité des terrains cristallins, qu'accusent les chiffres précédents, est confirmée par la répartition géographique des établissements thermaux les plus importants et peut servir à expliquer le grand nombre de sources minérales existant dans les régions montagneuses, dans les Pyrénées, les Alpes, les Vosges, dans le plateau central, et dans leurs environs immédiats, malgré la faible étendue des terrains de ce genre comparativement à celle qu'occupent les couches de sédiments à la surface de la France. Mais de ces dernières couches sortent également beaucoup de sources douées de propriétés thérapeutiques; et c'est ainsi qu'on a compté des exploitations hydrominérales, en 1882, dans 63 départements.

Les eaux les plus chaudes, celles qui jaillissent d'une grande profondeur, n'arrivent généralement au jour que grâce à des fentes plus ou moins considérables, à des *failles* présentant des cavités et des issues. Il est naturel de les trouver en relation soit avec les roches éruptives, soit avec les chaînes de montagnes dont les soulèvements ont été accompagnés de cassures de la croûte terrestre. Quant aux sources froides, qui ont pour siège principal les dépôts sédimentaires, on comprend que des accidents géologiques de moindre importance ont pu leur donner naissance, de façon qu'on les rencontre souvent dans des régions où le relief du sol n'offre que de faibles variations.

Nous ne donnons évidemment qu'à titre de simple indication, au point de vue des théories hydrominéralogiques, les rapports numériques qui précèdent. D'une part, les relevés statistiques ne comprennent pas les sources thermales, assez nombreuses, qui n'ont aucune notoriété ou qui sont abandonnées ; il est vrai qu'elles sont sans doute pour la plupart faiblement minéralisées et peuvent être négligées sans grand inconvénient. D'autre part, on conçoit bien que des travaux convenablement dirigés sur certains points amèneraient au jour des sources nouvelles ; par exemple, on pourrait multiplier beaucoup les sources salines chlorurées en exécutant des sondages au-dessus des dépôts souterrains de sel gemme et en y laissant pénétrer des nappes aquifères, dans l'hypothèse douteuse où de semblables opérations présenteraient quelque avantage sous le rapport médical. Sur la plupart des points où l'on a déjà créé des sources artificielles, comme à Vichy, rien n'empêcherait de procéder de la même façon. Enfin, il est indubitable qu'en bien des endroits les différentes sources d'un établissement thermal ou même d'une localité ont une origine commune et appartiennent, pour ainsi parler, au même gisement. Cette réflexion conduit à poser la question suivante : Ne serait-il pas préférable, pour l'application de la statistique à une étude géologique, de prendre pour unité, au lieu des sources considérées isolément, soit les établissements thermaux, soit même les groupes géographiques de sources minérales qui présenteraient une composition et des propriétés médicales analogues? Il est aisé de se rendre compte de la défectuosité que présenterait l'application d'une semblable méthode. Elle conduirait à mettre en parallèle, d'un côté, une source unique, d'une minéralisation et d'un débit parfois insignifiants ; de l'autre, un établissement de premier ordre, doté de sources nombreuses et abondantes. De ces deux unités, la seconde ne pèserait pas plus que la première dans la balance des nombres. Cette manière de procéder aurait donc le grave inconvénient de ne pas tenir compte de l'importance relative des phénomènes géologiques auxquels l'existence des sources est liée. Mieux vaut donc s'en tenir aux données statistiques précédemment énoncées. Elles expriment un état de choses bien défini ; et il suffit de ne pas perdre de vue leur signification et leur objet, pour les interpréter à leur juste valeur.

— La fréquentation annuelle des sources médicales par les malades constitue un renseignement des plus intéressants. On a malheureusement négligé, jusqu'à ces dernières années, d'en recueillir les éléments d'une façon précise ou complète.

Les chiffres qui figurent, à cet égard, dans la statistique de 1844, et qui portent le nombre annuel des baigneurs à 131,000, ne peuvent être acceptés sans de fortes réductions, parce qu'ils comprennent, dans bien des cas, non seulement les malades, mais encore les personnes qui les ont accompagnés et même celles qui ont visité les stations thermales pour leur simple agrément. Ils sont, en outre, donnés comme purement approximatifs.

Aussi l'Administration a-t-elle imposé, par l'article 20 du décret du 28 janvier 1860, aux propriétaires, régisseurs ou fermiers de chaque établissement d'eaux minérales, l'obligation de remettre au médecin-inspecteur et, à son défaut, au préfet, à l'issue de la saison des eaux, un état portant le nombre des personnes qui ont fréquenté l'établissement. Les *Rapports généraux sur le service médical des eaux minérales* témoignent des difficultés qu'on a pendant longtemps éprouvées pour se procurer ces états d'une façon régulière. Toutefois les médecins-inspecteurs ont fini récemment par obtenir les relevés du nombre des malades pour presque tous les établissements soumis à leur inspection ; et nous avons pu puiser au Ministère du commerce les nombres qui se rapportent à la saison de 1881. Ces nombres sont portés dans l'une des deux colonnes affectées à cette partie de la statistique sous la rubrique : « Nombre de malades déclaré. » L'autre colonne contient, sous la rubrique : « Nombre de malades évalué », les chiffres approximatifs que les ingénieurs des mines ont pu recueillir, au sujet de la fréquentation des établissements non inspectés.

De cette double source d'informations il résulte qu'en 1881 le nombre des malades a été officiellement de 164,002 auprès des établissements pour lesquels des déclarations ont été fournies, et approximativement de 56,915 près des autres stations thermales. Le total monte à 220,917, soit 221,000 personnes pour la France entière.

Il ne comprend pas les malades qui boivent des eaux minérales en bouteilles, sans se rendre sur place.

La colonne des observations renferme le nombre de bouteilles expédiées au dehors, pour un grand nombre sinon pour la totalité des établissements où fonctionne ce genre d'exploitation ; les renseignements partiels portent les expéditions à environ 21 millions de bouteilles par an.

— Il nous reste à appeler l'attention sur quelques autres chiffres pour terminer cette Notice.

Les 1,027 sources exploitées en France se répartissent entre 391 établissements, dont 226 comprennent des installations pour les bains, savoir : 5,346 baignoires et 328 piscines, sans parler des douches. Le nombre des établissements balnéaires était seulement de 130 en 1844 : les baignoires et les piscines qu'ils renfermaient n'ont pas été recensées à cette époque.

On consomme actuellement en boisson les eaux de 784 sources, parmi lesquelles 396 sont également utilisées pour les bains ; 243 sont exclusivement consacrées à ce dernier usage.

Les jaugeages effectués portent le débit de l'ensemble des sources exploitées en France à près de 47,000 litres par minute, au minimum, soit environ 68,000 mètres cubes par 24 heures.

Des médecins-inspecteurs résident, durant la saison des bains, dans 108 communes, c'est-à-dire dans toutes les stations thermales importantes.

— En Algérie, où jaillissent des sources assez nombreuses, les unes sulfureuses, les autres salines, remarquables par leur température élevée et l'abondance de leur débit, on compte

26 établissements thermaux, dans 23 desquels sont installées 55 piscines et 32 baignoires. Les eaux, étant chaudes, s'emploient à peu près exclusivement sous forme de bains. Leur débit total n'est pas de beaucoup inférieur à celui de toutes les sources de France réunies et atteint près de 38,000 litres par minute. Le nombre des personnes qui en font usage est évalué à 5,600.

L'Ingénieur en chef des Mines,

O. KELLER.

STATISTIQUE DÉTAILLÉE

DES

SOURCES MINÉRALES EXPLOITÉES

OU AUTORISÉES

EN FRANCE ET EN ALGÉRIE,

AU 1er JUILLET 1882.

Statistique détaillée des sources minérales exploitées ou autorisées en France et en Algérie, au 1er juillet 1882.

NOMS des départements et des communes. 1	NOMS des établissements ou des propriétaires. 2	Désignation de propriétaire. 3	NOMS DES SOURCES. 4	NATURE DES EAUX. Classe. 5	NATURE DES EAUX. Désignation. 6	SITUATION GÉOLOGIQUE des orifices par lesquels les sources arrivent au jour. 7	TEMPÉRATURE en degrés centigrades. 8	DÉBIT total par minute. 9	USAGE DES EAUX. Internes. 10	USAGE DES EAUX. Externes. 11	NOMBRE des sources exploitées. 12	NOMBRE des baignoires. 13	NOMBRE des piscines. 14	NOMBRE DES MALADES en 1881. Déclarés. 15	NOMBRE DES MALADES en 1881. Évalués. 16	DATES des actes administratifs. 17	ÉTENDUE du périmètre de protection. 18	OBSERVATIONS. (Colonne 1re : Communes où résident des médecins inspecteurs. — Col. 3. Sources appartenant au domaine de l'État : E. ; aux départements : D. ; aux communes : C. ; aux particuliers : P. — Col. 17. A. M., autorisation ministérielle ; D. U., décret d'utilité publique ; D. P., décret fixant le périmètre de protection. — Les sources non exploitées sont indiquées en italiques.) 19
								litres.									hect. a. c.	
AIN.																		
Beyrieux	Perret	P.	Beyrieux	III.	Ferrugineuses	Terrain tertiaire (molasse supérieure)	13	10	+	+	1	10	″	″	20	A. M. 10 février 1862	″	L'établissement n'a actuellement qu'une importance minime. Le propriétaire compte pouvoir lui donner de l'extension lorsque le chemin de fer de Trévoux à Bourg sera exécuté.
AISNE.																		
Saint-Quentin	Lamy	P.	*Non dénommée*	*III.*	*Ferrugineuses*	*Terrain d'alluvion reposant sur la craie*	16	......	+	″	″	″	″	″	″	*A. M. 28 avril 1861*	″	*Depuis quatre ans environ l'exploitation de cette source peu productive a été abandonnée.*
ALLIER.																		
* Vichy	Compagnie fermière de Vichy	E.	Lucas	II.	Bicarbonatées sodiques	Formation lacustre de l'époque miocène superposée aux terrains de granite et de porphyre rouge quartzifère	30	14,1	+	+	12	324 (1)	2 (1)	9,602 (2)	——	D. U. 23 janvier 1861. D. P. 17 mai 1874	683 00 00	(1) Ces chiffres se rapportent non seulement à l'Établissement thermal proprement dit, mais encore aux bains de l'hôpital et de l'hospice militaire, qui sont alimentés par les sources de l'État. L'Établissement possède, en outre, plusieurs salles de douche et d'inhalation. La vente des eaux de Vichy s'élevait, en 1878, à 3,600,000 bouteilles, d'après le rapport du jury de l'Exposition universelle de Paris. (2) Ce nombre ne comprend que les malades ; celui des simples visiteurs a été d'environ 20,000.
			La Grande-Grille	II.	Idem	Idem	42	28,5	+	+						Idem		
			Le Puits Carré	II.	Idem	Idem	45	80,5	+	+						Idem		
			L'Hôpital	II.	Idem	Idem	34	34	+	+						Idem		
			Les Celestins, Anciens n° 1	II.	Idem	Idem	14	0,2	+	″						Idem		
			Les Celestins, —— n° 2	II.	Idem	Idem	15	10	+	″						D. U. ; D. P. 17 mai 1874		
			Les Celestins, Nouveaux n° 1	II.	Idem	Idem	14,4	0,3	+	″						D. U. 23 janvier 1861. D. P. 17 mai 1874		
			Les Celestins, —— n° 2	II.	Idem	Idem	16	9,3	+	″						D. U. ; D. P. 17 mai 1874		
			Le Parc	II.	Idem	Source artificielle obtenue par un sondage dans le terrain lacustre	19	10	+	″						A. M. 6 juin 1872. D. U. 23 janvier 1861. D. P. 17 mai 1874		
* Hauterive	Idem	E.	Hauterive	II.	Idem	Idem	23,5	28	+	″						Idem	122 00 00	
Cusset	Idem	E.	Mesdames	II.	Idem	Idem	17	12	+	″						A. M. 22 août 1851. D. U. 23 janvier 1861. D. P. 17 mai 1874	110 00 00	
Vesse	Idem	E.	Les Chomel	II.	Idem	Source artificielle intermittente obtenue par un sondage dans le terrain lacustre	28	14	+	″						A. M. 15 avril 1876	″	
Vichy	Lardy	P.	Lardy	II.	Idem	Source artificielle obtenue par un sondage dans le terrain lacustre	14,5	5,5	+	+	1	32	″	″	1,000	A. M. 23 mai 1855	″	
	Larbaud et Cie	P.	Sainte-Yorre	II.	Idem	Terrain lacustre miocène	14,5	2	+	+	2	......	″	″	......	A. M. 9 juin 1856	″	
			Prunelle	II.	Idem	Idem	23,5	10	+	″						A. M. 21 décembre 1878	″	
* Néris	Néris	E.	Néris	IV.	Chlorurées sodiques	Granite à grains fins	52	700	″	+	1	78	8	1,035	——	D. U. 31 juillet 1858	″	La source alimente les six puits de la Croix, du César, Carré, Grand-puits, Desnoyer et un autre non dénommé.
* Cusset	Sainte-Marie	P.	Élisabeth	II.	Bicarbonatées sodiques	Source artificielle obtenue par un sondage dans le terrain lacustre	10,5	12	+	+	4	40	1	″	1,500	A. M. 24 juin 1884. D. U. ; D. P. 3 janvier 1879	70 00 00	
			Sainte-Marie	II.	Idem	Idem	15,5	7	+	+						A. M. 8 novembre 1880. D. U. ; D. P. 3 janvier 1879		
		C.	L'Abattoir	II.	Idem	Idem	15	......	+	″						A. M. 15 juin 1858	″	Le débit des sources de l'abattoir et du cours de Tracy est presque nul.
			Le Cours de Tracy	II.	Idem	Idem	15	......	+	″						Idem	″	
* Bourbon-l'Archambault	Bourbon-l'Archambault	E.	Bourbon-l'Archambault	IV.	Chlorurées sodiques	Granite à grains fins associé au gneiss	53	188	″	+	2	25	0	1,202		D. C. 31 juillet 1858	″	
		C.	Jonas	IV.	Bicarbonatées calciques	Idem	13	2	+	″						Idem	″	
Abrest	Larbaud, aîné	P.	Larbaud ou de Langues-Vignes	II.	Bicarbonatées sodiques	Source artificielle intermittente obtenue par un sondage dans le terrain lacustre	19	3,5	+	+	1	34	″	″	1,000	A. M. 20 janvier 186?	″	
Theneuille	Saint-Pardoux	E.	Saint-Pardoux	IV.	Bicarbonatées calciques	Marnes irisées	12	6,6	+	″	1	″	″	″	......	D. U. 31 juillet 1858	″	
	La Trollière	E.	La Trollière	IV.	Idem	Idem	12	9	+	″	1	″	″	″	......	Idem	″	
Vours	De la Grange	P.	Le Puits Grosset ou Fontaine-Bahy	II.	Bicarbonatées sodiques	Dépôt pisolithique dans le terrain éocène	9,4	4,1	+	″	1	″	″	″	......	A. M. 10 mai 1874	″	
La Lizolle	Baron de Veauce	P.	Ozlas	III.	Carbonatées calciques et ferrugineuses	Micaschistes	10	1	+	″	1	″	″	″	......	A. M. 10 janvier 1873	″	
							Totaux	1,191,5	......	......	27	535	17	12,939	3,500	....	985 00 00	

Statistique détaillée des sources minérales exploitées ou autorisées en France et en Algérie, au 1er juillet 1882.

NOMS des départements et des communes (1)	NOMS des établissements ou des propriétaires (2)	Désignation du propriétaire (3)	NOMS DES SOURCES (4)	NATURE DES EAUX — Classe (5)	NATURE DES EAUX — Désignation (6)	SITUATION GÉOLOGIQUE des orifices par lesquels les sources arrivent au jour (7)	TEMPÉRATURE en degrés centigrades (8)	DÉBIT total par minute (9)	USAGE DES EAUX — En [illegible] (10)	USAGE DES EAUX — En bains (11)	NOMBRE des [illegible] (12)	NOMBRE des baignoires (13)	NOMBRE des piscines (14)	NOMBRE DES MALADES en 1881 — Déclaré (15)	NOMBRE DES MALADES en 1881 — Évalué (16)	DATES des actes administratifs (17)	ÉTENDUE du périmètre de protection (18)	OBSERVATIONS (Colonne 1 : Communes où résident des médecins inspecteurs. — Col. 3 : Sources appartenant au domaine de l'État : E. ; aux départements : D. ; aux communes : C. ; aux particuliers : P. — Col. 17 : A. M. : autorisation ministérielle ; D. U. : décret d'utilité publique ; D. P. : décret fixant le périmètre de protection. — Les sources non exploitées sont indiquées en italiques.) (19)
								litres.									hect. a. c.	
ALPES (BASSES-).																		
* Digne	Digne	P.	Les Vertus	I.	Sulfurées sodiques	Infra-lias	47	150	+	+	6	8	2	900	—		″	
			Saint-Étienne	I.	Idem	Idem	41		+	+							″	
			Saint-Gilles	I.	Idem	Idem	38		+	+							″	
			Notre-Dame	I.	Idem	Idem	32		+	+							″	
			Non dénommée	I.	Idem	Idem	41		+	+							″	
			Non dénommée	I.	Idem	Idem	41		+	+							″	
* Gréoulx	Barthélon	P.	Gravier	I.	Idem	Étage néocomien	35	1,200	+	+	1	18	3	334	—	A. M. Avril 1857	″	
			Guibert	I.	Idem	Idem	.....	.....	+	+	″	″	″	″	″	A. M. 10 avril 1826	″	Inexploitée.
Saint-Martin	Saint-Martin	P.	Non dénommée	I.	Sulfatées sulfureuses	Terrain à lignite des Basses-Alpes	15	.....	+	+	1	.....	″	″	50		″	La plus grande consommation des eaux est faite par les habitants du pays.
							TOTAUX	1,350	....	....	8	26	5	534	50		″	
ALPES (HAUTES-).																		
Risoul	Plan de Phazy	C.	La Rotonde	IV.	Salines, alcalines	Contact des calcaires du lias et du gneiss	29	170	+	+	2	″	5	″	470	A. M. 27 janvier 1860	″	L'établissement est fréquenté seulement par les habitants de la localité et des environs.
			Les Suisses	IV.	Idem	Idem	29		+	+						Idem	″	
Monestier-de-Briançon	Communal	C.	La Rotonde	IV.	Salines carbonatées et sulfatées calciques et sodiques	Tuf calcaire recouvrant des alluvions qui reposent sur les calcaires du lias	34	80	+	″	1	″	″	″	.....	Arrêté préfectoral du 3 juin 1868	″	Eaux utilisées par les habitants comme boisson [illegible] par an).
	Brun et [illegible]	P.	Les Prés-Bagnols ou Fonchaude	IV.	Idem	Idem	38	70	+	+	1	1	6	″	100	Idem	″	L'établissement possède, en outre, une salle de douches. — Source exploitée depuis très longtemps. Importance toute locale.
Saint-Pierre-d'Argençon	Hyacinthe Ollivier	P.	La Fontaine-Vineuse	III.	Ferrugineuses gazeuses	Graviers recouvrant les calcaires oxfordiens inférieurs	13	1	+	″	1	″	″	″	.....	A. M. 16 décembre 1873	″	On peut évaluer à [illegible] bouteilles par an l'eau minérale de la Fontaine-Vineuse bue sur place ou emportée par les habitants des communes voisines, moyennant une légère rétribution.
							TOTAUX	321	....	....	5	1	10	″	630		″	
ALPES-MARITIMES.																		
Roquebillière	Berthomeni	P.	Saint-Michel	I.	Sulfureuses alcalines	Gneiss	14	4,5	+	+	3	6	″	″	400	A. M. 27 avril 1878	″	L'établissement actuel est provisoire ; l'ancien a été détruit. Il n'existe aucune route carrossable conduisant à Roquebillière.
			Saint-Jean-Baptiste	I.	Idem	Idem	29,5	60	+	+						Idem	″	
			Saint-Julien	I.	Idem	Idem	28,5	28	+	+						Idem	″	
Saint-Martin-de-Lantosque	.....	P.	Victorine	I.	Idem	Idem	24	80	+	+	1	″	″	″	.....	A. M. 2 novembre 1864	″	Il n'y a pas d'établissement thermal.
							TOTAUX	172,5	....	....	4	6	″	″	400		″	
ARDÈCHE.																		
* Vals	Société générale de l'établissement thermal de Vals	P.	Pauline	II.	Alcalines gazeuses	Gneiss	14	2,4	+	+	11	70	″			A. M. 20 mars 1869	″	Débit presque nul.
			Saint-Vincent-de-Paul	II.	Idem	Idem	11,5	.....	+	″						Idem	″	La Société générale a expédié en 1880 [illegible] bouteilles, savoir : source Pauline, [illegible] ; Souveraine, [illegible] ; Chloé, [illegible] ; Saint-Louis, [illegible] ; Marquise, [illegible] ; Constantine, [illegible] ; des Convalescents, [illegible] ; Saint-Vincent-de-Paul, [illegible].
			Les Convalescents	II.	Alcalines	Idem	12	1,2	+	″						Idem	″	
			Chloé-Dupasquier	II.	Idem	Idem	13,4	2,1	+	+						A. M. 10 mars 1869	″	
			Souveraine	II.	Alcalines gazeuses	Grand filon quartzeux et pyriteux	14,8	1,0	+	+						A. M. 20 mars 1869	″	
			Constantine	II.	Idem	Gneiss	12,5	1	+	+						Idem	″	
			Marquise	II.	Alcalines	Grand filon quartzeux et pyriteux	13	0,5	+	″						A. M. 15 mars 1869	″	
			Saint-Louis	II.	Ferro-arsenicales	Idem	13,5	1,3	+	+						A. M. 10 juin 1869	″	
			Les Bains	II.	Alcalines non analysées	Idem	14,5	8,4	″	+						A. M. 15 mars 1869	″	
			Grande-Source-Alexandre	II.	Idem	Idem	16	14,1	″	+						A. M. 14 septembre 1872	″	
			Saint-Louis (du Bois)	II.	Ferro-arsenicales	Gneiss	16,5	0,5	+	″						A. M. 24 janvier 1881	″	

Statistique détaillée des sources minérales exploitées ou autorisées en France et en Algérie, au 1er juillet 1882.

NOMS des départements et des communes	NOMS des établissements ou des propriétaires	Désignation du propriétaire	NOMS des sources	NATURE DES EAUX. Classe	NATURE DES EAUX. Désignation	SITUATION GÉOLOGIQUE des orifices par lesquels les sources arrivent au jour	TEMPÉRATURE en degrés centigrades	DÉBIT moyen par minute	USAGE DES EAUX. Interne	USAGE DES EAUX. Externe	NOMBRE de buvettes ou puisoirs	NOMBRE des baignoires	NOMBRE des piscines	NOMBRE DES MALADES en 1881. Déclarés	NOMBRE DES MALADES en 1881. Évalués	DATES des actes administratifs	ÉTENDUE du périmètre de protection	OBSERVATIONS. (Colonne 1. * : Chefs-lieux où résident des médecins inspecteurs. — Col. 3. Sources appartenant au domaine de l'État : E.; aux départements : D.; aux communes : C.; aux particuliers : P. — Col. 17. A. M. : autorisation ministérielle ; D. U. : décret d'utilité publique ; D. P. : décret fixant le périmètre de protection. — Les sources non exploitées sont indiquées en italiques.)
1	2	3	4	5	6	7	8	9	10	11	12	13	14	15	16	17	18	19
								litres.									hect. a. c.	
			Carnouse	II.	Alcalines	Gneiss	14,5	0,7	+	″						A. M. 10 mars 1859	″	La Carnouse est prise en boisson sur les lieux mêmes. — Les expéditions, pour les autres sources, se sont élevées en 1880 à 1,165,483 bouteilles, savoir : sources Saint-Jean, 1,383,643; Précieuse, 318,144; Dominique, 171,818; Rigolette, 96,308; Désirée, 67,231; Juliette, 10,000; Marie, 9,316; Impératrice, 7,900; Sophie, 5,080; Françoise, 726; Augustine, 1,645; Marguerite, 110; Madeleine (non autorisée), 51,363.
			Dominique	II.	Ferro-arsenicales	Grand filon quartzeux et pyriteux	15	1	+	″						Idem	″	
			Saint-Jean	II.	Alcalines	Gneiss	13,5	1,5	+	″						A. M. 11 août 1861	″	
			Précieuse	II.	Alcalines gazeuses	Idem	15	1,1	+	″						A. M. 31 août 1861	″	
			Désirée	II.	Idem	Idem	15,5	1,1	+	″						Idem	″	
			Rigolette	II.	Idem	Idem	15,5	0,4	+	″						Idem	″	
			Marie	II.	Alcalines	Grand filon quartzeux et pyriteux	10	0,2	+	″						A. M. 16 mars 1867	″	
			Sophie	II.	Idem	Gneiss	14,7	1,3	+	″						A. M. 30 avril 1875	″	
			Françoise	II.	Idem	Idem	14,2	0,7	+	″	17	25	″			A. M. 1er août 1875	″	
	Société générale	P.	Augustine	II.	Idem	Idem	15	2	+	″						A. M. 16 novembre 1852	″	
			Marguerite	II.	Idem	Idem	15	0,8	+	″						Idem	″	
			Impératrice	II.	Idem	Idem	12,5	0,5	+	″						A. M. 30 décembre 1866	″	
			Juliette	II.	Alcalines gazeuses	Idem	11	1,5	+	″						A. M. 4 juin 1873	″	
			Victorine	II.	Alcalines	Idem	14	......	″	+						A. M. 25 mars 1858	″	Le débit n'a jamais été mesuré.
			Hortense	II.	Idem	Idem	14,5	......	″	+				3,525	—	A. M. 23 septembre 1871	″	Le débit naturel est nul; on obtient avec une pompe 15 litres.
			Sainte-Marthe	II.	Idem	Idem	14,5	1,5	″	+						Idem	″	Le débit naturel est 1 litre et demi; on obtient avec une pompe 13 litres.
			Madeleine	II.	Idem	Idem	15	1	+	″						......	″	Source non autorisée.
			Saint-Paul	*II.*	*Alcalines gazeuses*	Idem	......	......	+	″	″					A. M. 27 novembre 1863	″	Source inexploitée. Appelée autrefois Juliette.
			Saint-Pierre	*II.*	*Alcalines*	Idem	12	0,2	+	″	″					A. M. 4 juin 1873	″	Source inexploitée. Appelée autrefois Saint-Paul.
			Les Vivaraises N° 1. (A)	II.	Idem	Idem	12,9	1,7	+	″						A. M. 30 septembre 1871	″	N° 1..... 17,139
			Les Vivaraises N° 3. (B)	II.	Idem	Idem	9	2,7	+	″						Idem	″	N° 3..... 118,655
	Compagnie hydro-minérale	P.	Les Vivaraises N° 5. (C)	II.	Idem	Idem	14	3	+	″	5	″	″			Idem	″	N° 5..... 136,112 } 200,209 bouteilles expédiées en 1880.
			Les Vivaraises N° 7. (D)	II.	Idem	Idem	9,5	1,3	+	″						Idem	″	N° 7..... 11,177
			Les Vivaraises N° 9. (E)	II.	Idem	Idem	8	2,7	+	″						Idem	″	N° 9..... 15,776
* VALS (Suite.)			Délicieuse ou n° 1	II.	Idem	Idem	8	0,7	+	″						A. M. 29 novembre 1876	″	
	Société anonyme dite les Délicieuses	P.	Piquante ou n° 3	II.	Idem	Idem	9	1,7	+	″						Idem	″	
			Philippine ou n° 7	II.	Idem	Idem	6	1	+	″	4	″	″			Idem	″	Il a été expédié 29,800 bouteilles en 1880.
			Saint-Charles ou n° 9	II.	Idem	Idem	7	1,3	+	″						Idem	″	
	Le Mas-de-Flaux	P.	Aurélie	II.	Idem	Idem	14	0,4	+	″						A. M. 29 septembre 1877	″	Affermée pour 10 ans par la Société française des eaux minérales. Du 28 octobre au 31 décembre 1880, il a été expédié 6,980 bouteilles, savoir : Aurélie, 3,971; Victoire, 3,079.
			Victoire	II.	Idem	Idem	13	0,4	+	″	2	″	″			Idem	″	
	Astier	P.	La Favorite	II.	Idem	Idem	12	5	+	″	1	″	″			A. M. 26 novembre 1875	″	Il a été expédié 56,680 bouteilles en 1880.
	Dorteur Charles	P.	Le Parc	II.	Idem	Idem	11	2,6	+	″	1	″	″			A. M. 21 septembre 1876	″	Il a été expédié 55,813 bouteilles en 1880.
	Champetier	P.	La Reine	II.	Idem	Idem	13	3	+	″	1	″	″			A. M. 1er septembre 1880	″	L'eau est élevée au jour à l'aide d'une pompe. Le débit n'est donc connu que très imparfaitement. 30,000 bouteilles ont été expédiées en 1880.
	Peyroux	P.	Les Princes	II.	Idem	Idem	14	1,4	+	″	1	″	″			A. M. 20 novembre 1875	″	Il a été expédié 3,000 bouteilles en 1880. Cette source avait déjà été autorisée le 30 septembre 1872, sous la dénomination de Vivaraise (B).
	Pradelle	P.	Alexandrine	II.	Idem	Idem	12,4	1,5	+	″	1	″	″			A. M. 16 octobre 1861	″	L'eau de la source Philomène est élevée avec une pompe. [illegible] Cette source est inexploitée.
	Couve	P.	*Philomène*	*II.*	Idem	Idem	*17*	......	+	″	″	″	″			A. M. 20 avril 1874	″	
	Blanc	P.	*Saint-Pierre (ou Blanc)*	*II.*	Idem	Idem	*13,5*	*0,8*	+	″	″	″	″			A. M. 30 septembre 1872	″	Source inexploitée.
	Gourbeyre	P.	*Lumartine*	*II.*	Idem	Idem	*14,5*	*0,7*	+	″	″	″	″			A. M. 26 mars 1873	″	Idem.
	Veuve Mathon	P.	*Tourette*	*II.*	Idem	Idem	*14,5*	*1*	+	″	″	″	″			A. M. 23 septembre 1871	″	Idem.
			Marguerite	II.	Bicarbonatées sodiques et calciques légèrement ferrugineuses	Granite	20	160	″	+						A. M. 25 mars 1856	″	
			Bienvenue	II.	Idem	Idem	20	64	″	+						Idem	″	
			Bienfaisante	II.	Alcalines très légèrement ferrugineuses	Idem	15	0,6	+	″						A. M. 13 septembre 1871	″	Il a été expédié 62,000 bouteilles en 1880.
Meyras	Neyrac	P.	Les Lépreux	IV.	Bicarbonatées calciques	Granite porphyroïde rose	18	12	+	″	6	48	″	″	2,230	A. M. 20 juillet 1880	″	
			Jaune	II.	Bicarbonatées sodiques et calciques sensiblement ferrugineuses	Idem	21	3,7	+	+						Idem	″	Les jaugeages ont été exécutés en 1853; [illegible] jusqu'à 125 litres par minute. Il a été expédié 1,080 bouteilles de la source des Bains en 1880.
			Les Bains	II.	Idem	Idem	20,5	41	+	+						Idem	″	

Statistique détaillée des sources minérales exploitées ou autorisées en France et en Algérie, au 1er juillet 1882.

NOMS des départements et des communes. 1	NOMS des établissements ou des propriétaires. 2	Désignation du propriétaire. 3	NOMS des sources. 4	NATURE DES EAUX. Classe. 5	NATURE DES EAUX. Dénomination. 6	SITUATION GÉOLOGIQUE des griffons par lesquels les sources arrivent au jour. 7	Température en degrés centigrades. 8	Débit moyen par minute. 9	Usage des eaux. Interne. 10	Usage des eaux. Externe. 11	Nombre des sources captées. 12	Nombre des établissements. 13	Nombre des piscines. 14	Nombre des malades en 1881. 15	Nombre des malades en 1881. 16	DATES des actes administratifs. 17	Étendue du périmètre de protection. 18	OBSERVATIONS. (Colonne 1 : Communes où résident des médecins-inspecteurs. — Col. 3. Sources appartenant au domaine de l'État : [illegible]; aux départements : D.; aux communes : C.; aux particuliers : P. — Col. 17. A. M. : autorisation ministérielle; D. U. : décret d'utilité publique; D. P. : décret fixant le périmètre de protection. — Les sources non exploitées sont indiquées en italique.) 19
								litres.									hect. a. c.	
Meyras (Suite.)	Le Pradel	P.	Saint-Henri	III.	Acidules ferrugineuses	Granite dans le voisinage immédiat d'une coulée basaltique	12	0,7	+	″	2	″	″	″	......	A. M. 29 novembre 1876	″	Il a été expédié 3,123 bouteilles en 1880.
			Saint-Charles	III.	*Idem*	*Idem*	11	1	+	″						*Idem*	″	
	Compagnie des eaux minérales du Pestrin	P.	La Ventadour	IV.	Bicarbonatées calciques	Gneiss	10	11	+	″						A. M. 13 août 1868	″	Il a été expédié 6,000 bouteilles en 1880.
			Julie	IV.	Bicarbonatées calciques et gazeuses	*Idem*	7	1,2	+	″	3	″	″	″	......	*Idem*	″	Il a été expédié 3,000 bouteilles en 1880.
			Pauline	IV.	Bicarbonatées calciques	*Idem*	7,5	0,4	+	″						*Idem*	″	Il a été expédié 28,000 bouteilles en 1880.
			Fortifiante	*IV.*	*Idem*	*Idem*	*10*	*0,5*	+	″	″	″	″	″	......	*Idem*	″	Source inexploitée.
St-Marcel-de-Crussol	St-Georges-les-Bains	C.	Saint-Georges	IV.	Bicarbonatées calciques, légèrement ferrugineuses	Granite	19	94	″	+	1	10	2	″	150	A. M. 18 avril 1861	″	
Rompon	Celles-les-Bains	P.	*Bonne-Fontaine*	*IV.*	*Bicarbonatées calciques*	*Contact des micaschistes et des terrains secondaires*	*15*	......	+	″						*A. M. 16 octobre 1833*	″	L'Établissement de Celles-les-Bains est, depuis plusieurs années, dans un état complet d'abandon. Les sources de ce nom ont appartenu, en 1616, au duc de Ventadour; en 1747, à Molière de Vienne; en 1791, à [illegible]; et, en 1830, au docteur Barrier.
			Ventadour	*IV.*	*Idem*	*Idem*	*13*	......	+	″	″	″	″	″	″	*Idem*	″	
			Puits artésien	*IV.*	*Idem*	*Idem*	*25*	*69,5*	+	″						*Idem*	″	
			Fontaine Lévy	*III.*	*Sulfatées ferrugineuses*	*Idem*	......	......	+	″						*Idem*	″	
			Fontaine-des-Yeux	*IV.*	*Sulfatées calciques*	*Idem*	15	*15*	+	″						*Idem*	″	
Asperjoc	Marie	P.	Suprême de Rigodel	II.	Alcalines	Granite	14	0,6	+	″	1	″	″	″	......	A. M. 22 septembre 1871	″	Il a été expédié 25,000 bouteilles en 1880.
	Coste	P.	Reine-du-Fer	II.	Bicarbonatées sodiques et calciques, très fortement ferrugineuses	Coule au-dessous d'une nappe basaltique	11	3	+	″	1	″	″	″	......	A. M. 21 septembre 1878	″	Affermée depuis le 6 octobre 1880 par la Société anonyme dite *Société française*. Exploitée depuis lors : 7,800 bouteilles ont été expédiées en 1880.
Prades	Bernais	P.	Le Vernet	II.	Alcalines gazeuses	Granite	15	5	+	″	1	″	″	″	......	A. M. 30 avril 1874	″	Il a été expédié 72,450 bouteilles en 1880.
			La Lyonnaise	*II.*	*Alcalines*	*Idem*	*12*	*9*	+	″	″	″	″	″	......	*A. M. 3 juillet 1876*	″	Source inexploitée.
* Saint-Laurent-les-Bains	St-Laurent-les-Bains	P.	Saint-Laurent	II.	Alcalines sulfureuses	*Idem*	53,5	165	+	+	2	13	8	950	——	Arrêt du 28 avril 1774	″	Cette source ne paraît être qu'une dérivation de la source Saint-Laurent.
			La Seigne	II.	*Idem*	*Idem*		60	+	+						*Idem*	″	
St-Sauveur Montagut	Fauqueyrol	P.	Maléon	II.	Alcalines gazeuses	*Idem*	12	1,5	+	+	1	5	″	″	......	A. M. 18 septembre 1861	″	Les populations du voisinage viennent seules prendre quelques bains. On expédie annuellement 7,500 bouteilles environ.
Tournon	[illegible]	P.	Barthalay	IV.	Bicarbonatées calciques	Granite porphyroïde	11,3	0,8	+	″	1	″	″	″	......	A. M. 12 décembre 1858	″	Il a été expédié 28,000 bouteilles en 1880.
	Rochette	P.	Henriette	IV.	Bicarbonatées calciques, sensiblement ferrugineuses	*Idem*	12,2	0,6	+	″	1	″	″	″	......	A. M. 20 décembre 1858	″	Il a été expédié de 800 à 900 bouteilles en 1880.
Desaignes	Gilliers	P.	Moïse	II.	Alcalines	Granite pyriteux	12	0,5	+	″	1	″	″	″	......	A. M. 24 juin 1874	″	Il a été expédié 78,000 bouteilles en 1880.
	Seignobos	P.	César	II.	Alcalines gazeuses	Gneiss	12,2	2,0	+	″	1	″	″	″	......	A. M. 13 juin 1877	″	L'ancien établissement n'existe plus. On a expédié 348,000 bouteilles en 1880.
			Auguste	*II.*	*Idem*	*Idem*	*12,2*	2	+	″	″	″	″	″	......	*A. M. 2 septembre 1856*	″	Cette source est appelée aujourd'hui Faustine; on n'expédie pas ses eaux.
Sanilhac	Nicolas	P.	Eugénie de Montbrison ou de la Boucharade	II.	Alcalines	Granite rose à gros grains	16	3,3	+	″	1	″	″	″	......	A. M. 26 décembre 1873	″	Il a été expédié 48,000 bouteilles en 1880.
Bocles	*Idem*	P.	*Clovis*	*II.*	*Idem*	*Idem*	*13*	*0,5*	+	″	″	″	″	″	......	*Idem*	″	Source inexploitée.
Beaumont	*Idem*	P.	*Dent-de-Joyeuse*	*II.*	*Idem*	*Idem*	*22*	*7,5*	+	″	″	″	″	″	......	*Idem*	″	*Idem.*
Jaujac	De Rochemure	P.	Le Pêcher	II.	*Idem*	L'eau sourd au pied de l'ancien volcan de Jaujac, au milieu de roches laviques	15	3,7	+	″	1	″	″	″	......	A. M. 25 juillet 1867	″	On puise annuellement 12,000 bouteilles moyennant une légère redevance au fermier.
Saint-Andéol-de-Bourlenc	Bielet et Perrier	P.	La Bertolle	II.	*Idem*	Granite	14	0,7	+	″	1	″	″	″	......	A. M. 8 novembre 1873	″	Il a été expédié 6,000 bouteilles en 1880. La source est appelée aujourd'hui l'Indispensable.
Aizac	Blachère	P.	Volcan-d'Aizac	II.	Bicarbonatées sodiques ferrugineuses	*Idem*	13	1,2	+	″	1	″	″	″	......	A. M. 12 mai 1868	″	Il a été expédié 8,700 bouteilles en 1880.
Montpezat	Mart	P.	La Samaritaine	IV.	Acidules légèrement ferrugineuses	*Idem*	11	2	+	″	1	″	″	″	......	A. M. 5 mars 1875	″	Il a été expédié 2,000 bouteilles environ en 1880.
Juvinas	Régis et consorts	P.	Sainte-Marguerite	II.	Alcalines	*Idem*	13,5	1	+	″	1	″	″	″	......	A. M. 30 novembre 1881	″	
Marcols	Luquet et Giraud	P.	Marcols	II.	Alcalines légèrement ferrugineuses	Filon de granulite dans un gneiss gris	6,5	......	+	″	1	″	″	″	......	......	″	La source autorisée sous le nom de Saint-Julien n'est pas exploitée. Il a été vendu, en 1880, 73,367 bouteilles de la source de Marcols, très analogue, qui sourd du même filon, mais sur l'autre rive de la Glueyre.
			Saint-Julien	*II.*	*Idem*	*Idem*	*6,5*	*1,1*	+	″	″	″	″	″		*A. M. 25 mars 1872*	″	
Saint-Mélany	[illegible]	P.	Borigine (Fontaine-de-l'Eau)	II.	Alcalines sulfureuses	Micaschistes	16	4	+	″	2	″	″	″	......	A. M. 31 décembre 1875	″	Ces deux sources ont été autorisées sous le nom de Fontaine-de-l'[illegible] [illegible] bouteilles. On n'exploite pour ainsi dire pas aujourd'hui.
			Justice (Fontaine-de-l'Eau)	II.	*Idem*	*Idem*	15	10	+	″						*Idem*	″	

Statistique détaillée des sources minérales exploitées ou autorisées en France et en Algérie, au 1er juillet 1882.

NOMS des départements et des communes. 1	NOMS des établissements ou des propriétaires. 2	Désignation des propriétaires. 3	NOMS des sources. 4	NATURE DES EAUX. Classe. 5	NATURE DES EAUX. Désignation. 6	SITUATION GÉOLOGIQUE des orifices par lesquels les sources sortent au jour. 7	Température en degrés centigrades. 8	Débit moyen par minute. 9	USAGE DES EAUX. En boisson. 10	USAGE DES EAUX. En bains. 11	Nombre des sources exploitées. 12	NOMBRE des baignoires. 13	NOMBRE des piscines. 14	NOMBRE DES MALADES EN 1881. Déclaré. 15	NOMBRE DES MALADES EN 1881. Évalué. 16	DATES des actes administratifs. 17	ÉTENDUE des périmètres de protection. 18	OBSERVATIONS. (Colonne 1, * : Communes où résident des médecins-inspecteurs. — Col. 3. Sources appartenant au domaine de l'État : E.; aux départements : D.; aux communes : C.; aux particuliers : P. — Col. 17. A. M. : autorisation ministérielle; D. U. : décret d'utilité publique; D. P. : décret fixant le périmètre de protection. — Les sources non exploitées sont indiquées en italiques.) 19
								litres.									hect. a. c.	
Genestelle	De Colain	P.	Château-de-Craux	II.	Alcalines	Granite altéré	0.8	3	+	"	1	"	"	"	"	A. M. 11 octobre 1881	"	
	Bonl.	P.	*Le Régal*	II.	*Idem*	*Granite*	11,5	1.5	+	"	"	"	"	"	"	A. M. 4 mars 1875	"	Source inexploitée.
Saint-Fortunat	Docteur Lobel	P.	André	II.	Alcalines, ferrugineuses et lithinées	Filon quartzo-pyriteux dans le granite porphyroïde	14	0,5	+	"	1	"	"	"	"		"	Cette source a été autorisée le 21 novembre 1881. Le docteur Lobel possède, en outre, dans la même commune, cinq autres sources de même nature, mais non autorisées, dont le débit total est de 20,000 litres en moyenne par 24 heures.
La Bégude	Société française industrielle	P.	*Saint-Joseph*	II.	*Alcalines*	*Gneiss*	14,5	14	+	"	"	"	"	"	"	A. M. 21 septembre 1876	"	Inexploitée en 1880; a été acquise en 1881 par la Société française industrielle.
Meyras	Chabert et Cie	P.	*La Vivaraise*	II.	*Idem*	*Idem*	7	0,5	+	"	"	"	"	"	"	A. M. 6 août 1868	"	Source inexploitée.
							TOTAUX	696.0	....	....	77	171	10	4,475	2,380		"	
ARIÈGE.																		
			Vignerie	I.	Sulfureuses alcalines	Jonction des granites et des schistes de transition recouverts par le diluvium	73.5	105	"	+						A. M. 7 mars 1858	"	
			La Grande-Pyramide	I.	*Idem*	*Idem*	60.8	48	"	+						*Idem*	"	
			Astrié (chaude)	I.	*Idem*	*Idem*	52	3.7	"	+						*Idem*	"	
			Astrié (froide)	I.	*Idem*	*Idem*	22	3,7	"	+						*Idem*	"	
			Quod	I.	*Idem*	*Idem*	64.2	15	"	+						*Idem*	"	
			La Grotte	I.	*Idem*	*Idem*	30	12	"	+						*Idem*	"	
			L'Eau-Bleue	I.	Sulfureuses dégénérées	*Idem*	48	3,1	+	+						*Idem*	"	
			N° 6	I.	*Idem*	*Idem*	52	3,7	"	+	16	50	"			*Idem*	"	L'établissement du Teich fonctionnait depuis un temps immémorial sans autorisation; sa situation, de même que celle de l'établissement du Couloubret, appartenant au même propriétaire, a été régularisée en 1858.
	Le Teich	P.	N° 4	I.	*Idem*	*Idem*	40	6.5	"	+						*Idem*	"	
			La Pompe	I.	*Idem*	*Idem*	10,7	2,0	"	+						*Idem*	"	
			Patissier	I.	Sulfureuses alcalines	*Idem*	30	0.3	+	"						*Idem*	"	
			Saint-Roch (à droite)	I.	*Idem*	*Idem*	42	0.7	+	"						*Idem*	"	
			Saint-Roch (à gauche)	I.	*Idem*	*Idem*	36	0,7	+	"						*Idem*	"	
			Joly	I.	*Idem*	*Idem*	73	3,7	"	+						*Idem*	"	
			Jeanne	I.	*Idem*	*Idem*	60	120	"	+						*Idem*	"	
			La Puits-Odu	I.	*Idem*	*Idem*	60		"	+						*Idem*	"	
			Isabelle	I.	*Idem*	*Idem*	55	1,7	"	+	"	"	"			*Idem*	"	Source non utilisée.
* Ax			Grande sulfureuse	I.	Sulfurées sodiques	Jonction des granites et des schistes de transition	70	170,3	"	+						A. M. 21 avril 1866	"	
			Sulfureuse de l'Étuve	I.	*Idem*	*Idem*	68	20,6	"	+	4	40	1			*Idem*	"	Les travaux exécutés au cours dudit établissement, pour la construction d'un quai, ont sensiblement réduit le débit de la source alcaline.
	Modèle	P.	Les Abeilles	I.	*Idem*	*Idem*	45	3,4	+	"						*Idem*	"	
			Alcaline	II.	Alcalines désulfurées	*Idem*	63	46,2	+	+						*Idem*	"	
			Poulon ou sulfureuse	I.	*Sulfurées sodiques*	*Idem*	63	1,6	"	"	"	"	"			*Idem*	"	Source non utilisée.
			Breilh (buvette)	II.	Alcalines désulfurées	*Idem*	22	10	+	"						A. M. 5 mai 1861	"	
			Petite sulfureuse	I.	Sulfurées sodiques alcalines	*Idem*	45	0,9	+	"				3,700		*Idem*	"	
			N° 1	II.	Alcalines désulfurées	*Idem*	35	5,4	"	+						*Idem*	"	
			N° 7	II.	*Idem*	*Idem*	41	0	"	+						*Idem*	"	
			Anglada	II.	*Idem*	*Idem*	48	11,0	"	+						*Idem*	"	
	Les Breilh	P.	N° 9	II.	*Idem*	*Idem*	32,5	6,6	"	+						*Idem*	"	
			Longchamp	II.	*Idem*	*Idem*	47	7,5	+	+	12	30	"			*Idem*	"	
			Pyramide	II.	*Idem*	*Idem*	58	3,8	"	+						*Idem*	"	
			Fontan	I.	Sulfurées alcalines	*Idem*	55	6	"	+						*Idem*	"	
			Hardy ou Fébel	I.	Sulfurées sodiques alcalines	*Idem*	63	30,0	"	+						*Idem*	"	
			Marie	I.	*Idem*	*Idem*	50		"	+						*Idem*	"	Ces deux sources fournissent l'eau nécessaire à l'Étuve en vahut.
			L'Étuve	I.	*Idem*	*Idem*	60	17	"	+						*Idem*	"	

Statistique détaillée des sources minérales exploitées ou autorisées en France et en Algérie, au 1er juillet 1882.

NOMS des arrondissements et des communes	NOMS des établissements ou des propriétaires	Désignation du propriétaire	NOMS des sources	NATURE DES EAUX: Classe	NATURE DES EAUX: Désignation	SITUATION GÉOLOGIQUE des roches par lesquelles les sources arrivent au jour	TEMPÉRATURE en degrés centigrades	DÉBIT moyen par minute	USAGE DES EAUX: Interne	USAGE DES EAUX: Externe	NOMBRE des sources exploitées	NOMBRE des baignoires	NOMBRE des piscines	NOMBRE DES MALADES en 1881: Déclaré	NOMBRE DES MALADES en 1881: Évalué	DATES des actes administratifs	ÉTENDUE du périmètre de protection	OBSERVATIONS. (Colonne 1. * : Communes où réside un médecin inspecteur. — Col. 3. Sources appartenant au domaine de l'État : E. ; aux départements : D. ; aux communes : C. ; aux particuliers : P. — Col. 17. A. M. : autorisation ministérielle ; D. U. : décret d'utilité publique ; D. P. : décret fixant le périmètre de protection. — Les sources non exploitées sont indiquées en italiques.)
1	2	3	4	5	6	7	8	9	10	11	12	13	14	15	16	17	18	19
								litres.									hect. a. c.	
* Ax (Ariège)	Le Couloubret	P.	Bain Fort	I.	Sulfurées sodiques alcalines	Jonction des granites et des schistes de transition	42	21,5	+	+						A. M. 7 mars 1876	″	
			Majeure	I.	*Idem*	*Idem*	32	0,7	+	+						*Idem*	″	
			Jeanne d'Albret	I.	*Idem*	*Idem*	39	11,1	″	+						*Idem*	″	
			Le Mystère	I.	*Idem*	*Idem*	46	16,6	″	+						*Idem*	″	
			Pilhes	I.	*Idem*	*Idem*	40	17	+	+						*Idem*	″	
			Gourguette et Lafont-Jouzy	I.	*Idem*	*Idem*	30	10	″	+	11	34	″			*Idem*	″	Le Couloubret appartient au même propriétaire que le Teich.
			Rossignol supérieur	I.	*Idem*	*Idem*	77,5	40,6	″	+						*Idem*	″	
			L'Étuve de l'hôpital	I.	*Idem*	*Idem*	68	14,6	″	+						*Idem*	″	
			Canalette	II.	Alcalines dégénérées	*Idem*	23	13,6	+	″						*Idem*	″	
			Montmorency	II.	Alcalines ferrugineuses	*Idem*	30	2,4	″	+						*Idem*	″	
			Ferro-sulfureuse	I.	Sulfureuses et ferrugineuses	*Idem*	32	0,7	+	″						*Idem*	″	
			Darse	*II.*	*Alcalines*	*Idem*	*18*	*60*	+	″						*Idem*	″	Source inexploitée.
			Rougerou	*II.*	*Idem*	*Idem*	*17,5*	*100*	+	″						*Idem*	″	*Idem.*
* Ussat	Hospice de Pamiers	P.	Le Grand établissement	IV.	Bicarbonatées calciques et sulfatées magnésiennes	Jonction des calcaires du lias et des schistes supraliasiques	35	570	+	+	2	56	1	1,200	—	A. M. 25 juin 1877	″	Les eaux sont généralement employées pour l'usage externe. 30,000 bains.
			Saint-Vincent	IV.	*Idem*	*Idem*	29		″	+						*Idem*	″	
	Lacoste	P.	Sainte-Germaine	IV.	*Idem*	*Idem*	29		″	+	1	18	1			A. M. 28 décembre 1866	″	
* Aulus			Dornagnac	IV.	Séléniteuses froides	Jonction du silurien supérieur et du lias supérieur	18	10	+	+						A. M. 2 juillet 1854	″	
	Compagnie des eaux minérales	P.	Les Trois-Césars (2 griffons)	IV.	*Idem*	*Idem*	18	5,5	+	+	3	32	″			*Idem*	″	
			Bacque (2 griffons)	IV.	*Idem*	*Idem*	18	1,2	+	+				1,500	—	A. M. 17 février 1851	″	Importantes expéditions d'eau en bouteilles.
	Compagnie Laporte, Calvet et Cie	P.	Calvet	IV.	Séléniteuses	*Idem*	14	8	+	″						A. M. 11 mai 1878	″	
			Non dénommée	I.	Sulfureuses calciques	*Idem*	11	7,5	″	+	3	20	″			*Idem*	″	
			Non dénommée	I.	*Idem*	*Idem*	14	1,2	″	+						*Idem*	″	
* Montjoie	Audinac	P.	Les Bains	II.	Alcalines tièdes	Jonction du lias et de la craie blanche	22	126,7	+	+	2	29	″	650	—	A. M. 12 décembre 1878. D. C. 28 juin 1869	″	
			Louise, ou source froide	II.	*Idem*	*Idem*	21	80	+	″						*Idem*	″	
Le Peyrat	Fonrigue	P.	Les Bains	IV.	Acidules gazeuses	Terrain nummulitique	10	......	″	+	2	12	″	″	″	A. M. 1er septembre 1880	″	
			La Buvette	II.	Alcalines ferrugineuses	*Idem*	20	17	+	″						*Idem*	″	
Rouze	Usson	P.	La Buvette	II.	Alcalines arsenicales	Jonction du granite et du terrain silurien supérieur	27	9	+	″						A. M. 25 juin 1877	″	
			La Fontaine des plaies	II.	*Idem*	*Idem*	24	10	″	+	4	10	″	″	150	*Idem*	″	
			Non dénommées (2 sources)	II.	*Idem*	*Idem*	20	21	″	+						*Idem*	″	
* Carcanières	Roquelaure et Faraquette	P.	Baroquette	I.	Sulfureuses sodiques	Terrain de granite	31	10	″	+						A. M. 24 décembre 1854	″	
			Campoussy	I.	*Idem*	*Idem*	34		″	+	4	17	″			*Idem*	″	
			La Buvette (nord)	I.	*Idem*	*Idem*	25	......	+	″						*Idem*	″	
			La Buvette (midi)	I.	*Idem*	*Idem*	33	......	+	″						*Idem*	″	
			Marie	I.	*Idem*	*Idem*	36	10,4	″	+				580	—	*Idem*	″	
	Esparre-Aïn	P.	Siméon	I.	*Idem*	*Idem*	30	10,5	″	+	3	12	″			*Idem*	″	
			Esparre	I.	*Idem*	*Idem*	31	......	+	+						*Idem*	″	
			Canalette	*I.*	*Idem*	*Idem*	*41*	......	″	+	″	″	″			*Idem*	″	Source inexploitée.
			Bain Fort	*I.*	*Idem*	*Idem*	*49*	......	″	+	″	″	″			*Idem*	″	*Idem.*
Sentein	Bren	P.	Jourenec	III.	Ferrugineuses	Silurien inférieur (schistes ardoisiers)	14	11	+	+	2	.....	″	″	150	A. M. 17 février 1884	″	L'exploitation de ces sources remonte au XVIIe siècle.
			Seintein	III.	*Idem*	*Idem*	12,5		+	+						A. M. 18 décembre 1882	″	
Foix	Rocher-de-Foix	P.	*Rocher de Foix (3 sources)*	*I.*	*Sulfureuses, ferrugineuses arsenicales*	*Jonction du lias et du terrain crétacé inférieur*	*15*	*10*	″	+	″	.....	″	″	″	*A. M. 2 octobre 1866*	″	Inexploitées depuis l'inondation de 1875, qui y a causé de grands dommages.
							TOTAUX.	1,742,5	....	....	60	380	3	7,839	300	....	″	

Statistique détaillée des sources minérales exploitées ou autorisées en France et en Algérie, au 1er juillet 1882.

NOMS des départements et des communes. 1	NOMS des établissements ou des propriétaires. 2	Désignation du propriétaire. 3	NOMS des sources. 4	NATURE DES EAUX. Classe. 5	NATURE DES EAUX. Désignation. 6	SITUATION GÉOLOGIQUE des orifices par lesquels les sources arrivent au jour. 7	TEMPÉRATURE en degrés centigrades. 8	DÉBIT moyen par minute. 9	USAGE DES EAUX. Intérieur. 10	USAGE DES EAUX. Extérieur. 11	NOMBRE des sources exploitées. 12	NOMBRE des baignoires. 13	NOMBRE des piscines. 14	NOMBRE DES MALADES en 1881. Traités. 15	NOMBRE DES MALADES en 1881. Évalués. 16	DATES des actes administratifs. 17	ÉTENDUE du périmètre de protection. 18	OBSERVATIONS. (Colonne 1. * : Communes où résident des médecins inspecteurs. — Col. 3. Sources appartenant au domaine de l'État : E. ; aux départements : D. ; aux communes : C. ; aux particuliers : P. — Col. 17. A. M. : autorisation ministérielle ; D. U. : décret d'utilité publique ; D. P. : Décret fixant le périmètre de protection. — Les sources non exploitées sont indiquées en italiques.) 19
AUDE.								litres.									hect. a. c.	
* Rennes-les-Bains	Rennes-les-Bains	P.	Bain doux	IV.	Chlorurées sodiques magnésiennes	Terrain crétacé moyen	40	400	+	+	3	30	″	2,950	—	A. M. 9 octobre 1860	″	
			Bain de la Reine	IV.	*Idem*	*Idem*	41	250	+	+						*Idem*	″	
			Bain fort	IV.	*Idem*	*Idem*	51	500	+	+						*Idem*	″	
			Le Cercle	III.	Ferrugineuses	*Idem*	12	......	+	+	″	″	″	″	″	*Idem*	″	Inexploitée.
			Le Pont	III.	*Idem*	*Idem*	12	......	+	+	″	″	″	″	″	*Idem*	″	*Idem.*
			Madeleine	III.	*Idem*	*Idem*	12	......	+	+	″	″	″	″	″	*Idem*	″	*Idem.*
Escouloubre	Escouloubre	P.	Bain Fort	I.	Sulfureuses	Granite	37,5	......	″	+	3	32	″	″	450	A. M. 15 décembre 1886	″	L'établissement possède, en outre, une source dite *Madeleine*, non encore captée.
			Source de la Douche	I.	*Idem*	*Idem*	50	......	″	+						*Idem*	″	
			Le Pont de la buvette	I.	*Idem*	*Idem*	20	......	″	″						*Idem*	″	
* Alet	Alet	P.	L'Eau rouge	II.	Bicarbonatées sodiques ou calciques, légèrement ferrugineuses	Contact des grès du terrain crétacé avec le terrain de transition	20		+	″	4	30	″	2,000	—	*Idem*	″	Les eaux d'Alet se débitent surtout en bouteilles.
			Sources chaudes	II.	*Idem*	*Idem*	29,5	400	+	+						*Idem*	″	
			L'Établissement	II.	*Idem*	*Idem*	11		+	+						*Idem*	″	
			Les Eaux chaudes	II.	*Idem*	*Idem*	24		+	+						*Idem*	″	
* Campagne	Campagne	P.	La Buvette ou Fontaine	IV.	Bicarbonatées calciques magnésiennes, légèrement ferrugineuses	Crétacé supérieur	24,6	83	+	″	2	30	″	598	—	A. M. 21 novembre 1860	″	
			Le Pont Thérèse	IV.	*Idem*	*Idem*	28,3	200	+	+						*Idem*	″	
Ginoles	[illegible]	P.	Intérieure au Sainte-Eulalie	II.	Bicarbonatées magnésiennes et sodiques	Contact des schistes du gault et des schistes de transition	32	......	″	+	2	″	″	″	150	A. M. 5 août 1876	″	
			Extérieure	II.	*Idem*	*Idem*	26	......	″	+						*Idem*	″	
							Totaux.	1,833	....	....	14	131	″	5,548	600	....	″	
AVEYRON.																		
* Camarès	Andabre	P.	Audabre	II.	Alcalines ferrugineuses	Grès bigarrés	10	1	+	″	3	20	″	430	—	A. M. 19 juillet 1853	″	
			Les Bains	II.	*Idem*	*Idem*	12	1,5	+	″						*Idem*	″	
			Bose	II.	*Idem*	*Idem*	18	0,1	+	+						*Idem*	″	
	Le Cayla	P.	Madeleine	II.	*Idem*	*Idem*	12	1	+	″	3	″	″	″	200	A. M. 6 avril 1849	″	
			Rose	II.	*Idem*	*Idem*	12	1	+	″						*Idem*	″	
			Les Princesses	II.	*Idem*	*Idem*	12	0,6	+	″						*Idem*	″	
	Prugnes	P.	Solier	II.	*Idem*	*Idem*	14	1	+	″	1	″	″	″	150	A. M. 3 août 1849	″	
* Sylvanès	Sylvanès	P.	Les Moines	III.	Ferrugineuses bicarbonatées	Terrains de transition regardés comme siluriens	36	22	+	+	4	18	4	508	—	A. M. 19 août 1845. D. U. 17 avril 1861	″	
			Les Petites eaux	III.	*Idem*	*Idem*	38	16	+	+						*Idem*	″	
			Les Petites piscines	III.	*Idem*	*Idem*	31	8	+	+						*Idem*	″	
			Les Bains nouveaux	III.	*Idem*	*Idem*	32	25	+	+						*Idem*	″	
Villefranche	Les Carriettes	P.	3 sources dites Carriettes	I.	Sulfureuses calciques	Marnes supraliasiques	12	......	+	+	3	12	″	″	2,000	A. M. 28 décembre 1853	″	Eaux minérales superficielles, devant probablement leur propriété sulphydrométrique à la décomposition du gypse par les matières organiques.
	Notre-Dame	P.	Notre-Dame-des-Treize-Pierres	I.	*Idem*	*Idem*	11	......	+	″	1	″	″	″	75	A. M. 23 septembre 187[illegible]	″	
Montjaux	La Cambon	P.	La Cambon	III.	Ferrugineuses bicarbonatées	Grès bigarrés	11	12	+	+	1	6	″	″	300	A. M. 6 avril 1881	″	
Taussac	Pouchicous	P.	Pouchicous	III.	*Idem*	Terrains tertiaires et dépôts diluviens	12	20	+	+	4	5	″	″	200	A. M. 31 janvier 1880	″	
			Bertezène	III.	*Idem*	*Idem*	11	1,5	+	+						*Idem*	″	
			Les Bains	III.	*Idem*	*Idem*	12	45	+	+						*Idem*	″	
			Combalou	III.	*Idem*	*Idem*	12	1,3	+	+						*Idem*	″	Les eaux de Combalou n'ont pas encore été analysées.

Statistique détaillée des sources minérales exploitées ou autorisées en France et en Algérie, au 1er juillet 1882.

NOMS des départements et des communes 1	NOMS des établissements ou des propriétaires 2	Dénomination du propriétaire 3	NOMS des sources 4	NATURE DES EAUX: Classe 5	NATURE DES EAUX: Désignation 6	SITUATION GÉOLOGIQUE des couches par lesquels les sources arrivent au jour 7	Température en degrés centigrades 8	Débit moyen par minute 9	Usage des eaux: Internes 10	Usage des eaux: Externes 11	Nombre des sources exploitées 12	Nombre des baignoires 13	Nombre des piscines 14	Nombre des malades en 1881: Déclarés 15	Nombre des malades en 1881: Évalués 16	DATES des actes administratifs 17	Étendue du périmètre de protection 18	OBSERVATIONS (Colonne 1. * : Commune où résident des médecins-inspecteurs. — Col. 3. Sources appartenant au domaine de l'État : E ; aux départements : D. ; aux communes : C. ; aux particuliers : P. — Col. 17. A. M. : autorisation ministérielle ; D. U. : décret d'utilité publique ; D. P. : décret fixant le périmètre de protection. — Les sources non exploitées sont indiquées en italiques.) 19
								litres.									hect. a. c.	
* Cransac	Cransac	P.	Source basse Richard	IV.	Sulfatées magnésiennes	Terrain houiller	15	1,5	+	″	1	″	″	2,138	—	D. U. D. P. 7 mars 1860	9 00 00	Ces eaux ne sont autre chose que des eaux de pluie minéralisées en filtrant à travers des terrains brûlés par la combustion de la houille. — Il existait, en outre, à Cransac une source d'eau minérale autorisée, dite *Fraysse*, qui a disparu par suite de travaux de mines.
	Mas-de-Mouly	P.	Galtier	IV.	Sulfatées calciques	Idem	15	0,1	+	″	1	″	″	″	40	A. M. 14 octobre 1868	″	
Cassuéjouls	Cassuéjouls	P.	Cassuéjouls	III.	Ferrugineuses bicarbonatées	Terrains tertiaires et dépôts diluviens	12	......	+	″	1	″	″	″	......	A. M. 24 septembre 1857	″	L'usage des eaux de Cassuéjouls est gratuit; elles sont, ainsi que celles de Cransac, des eaux minérales superficielles. Elles émergent, en général, au contact des terrains tertiaires et des terrains primitifs et sont peu employées pour l'usage externe.
Salles-la-Source	Le Pont	P.	Cazals	I.	Sulfureuses calciques	Lias inférieur	14	7	″	+	1	10	″	″	150		″	Les trois établissements du Pont sont en ce moment l'objet d'une demande en autorisation.
	Le Pont	P.	Merge	I.	Idem	Idem	15	4	″	+	1	12	″	″	150		″	
	Le Pont	P.	Revel	I.	Idem	Idem	14	2	″	+	1	10	″	″	100		″	
							Totaux.	171,6	....	....	26	93	4	3,096	3,365		9 00 00	Nota. Il existe, en outre, dans le département d'autres sources plus ou moins minéralisées, non autorisées et sans clientèle commerciale, notamment dans les communes de Lacogne, Salles-la-Source, Vimeurt, Aguessac, Cabrier, Cruzac et Pont-de-Salars.
BOUCHES-DU-RHÔNE.																		
* Aix	Aix	C.	Les Bains Sextius	IV.	Bicarbonatées calciques	Terrain tertiaire	35	261	+	+	1	26	1	790	—	D. U. 2 juillet 1859	″	L'établissement possède, en outre, une salle de douches au complet, une salle de pulvérisation, une d'inhalation, un bain de vapeur et un bain russe.
Marseille	Les Camoins	P.	Les Camoins	I.	Sulfurées calciques	Idem	16	50	+	+	1	22	″	″	600	A. M. 10 juillet 1859. D. U. 17 novembre 1882	″	L'établissement possède, en outre, une salle de douches.
	Le Rouèas-Blanc	P.	Le Rouèas-Blanc	IV.	Salées bromo-iodurées	Terrain crétacé	21	3,000	+	+	1	12	1	″	50	A. M. 14 septembre 1882	″	L'établissement possède, en outre, une salle de douches au complet, une salle d'inhalation et de pulvérisation, deux bains de vapeur, une salle chaude et un hydrofère.
							Totaux.	3,311	....	....	3	60	2	790	650		″	Nota. Il existait autrefois, à Marseille, une source minérale autorisée, dite *Saint-Michel*, qui a disparu à la suite de l'effondrement de la cuvette du canal de Marseille, survenu en 1871, en un point voisin du puits au fond duquel circulait la source.
CANTAL.																		
* Chaudesaigues	Clavières, Verdier et de la Grotte	C.	Le Parc (1re)	II.	Alcalines	Terrain primitif	61	200	+	+	2	23	″	″		A. M. 9 juin 1834	″	
			Idem (2e)	II.	Idem	Idem	61		+	+						A. M. 26 mars 1834	″	
			Sources Felgères 1re	II.	Idem	Idem	70		+	″							″	
	....		Sources Felgères 2e	II.	Idem	Idem	62	10	+	″	4	″	″	″			″	
			Sources Felgères 3e	II.	Idem	Idem	57		+	″							″	
			Sources Felgères 4e	II.	Idem	Idem	31		+	″							″	
			Laprade	II.	Idem	Idem	59		+	″							″	
			Poderigut	II.	Idem	Idem	60		+	″							″	
			Gandret	II.	Idem	Idem	60		+	″							″	
			Teisset	II.	Idem	Idem	59		+	″							″	
			Abriet	II.	Idem	Idem	57		+	″							″	
			Baloncl	II.	Idem	Idem	69	30	+	″							″	
	....	P.	Foyet	II.	Idem	Idem	67		+	″	13	″	″	″			″	Ces 13 sources sont situées dans des maisons particulières.
			Chavoire	II.	Idem	Idem	50		+	″					800		″	
			Passouault	II.	Idem	Idem	72		+	″							″	
			Arlhac	II.	Idem	Idem	54		+	″							″	Les eaux de Chaudesaigues se prennent en boisson, bains, douches et étuve.
			Barlier du Forget	II.	Idem	Idem	71		+	″							″	
			Broschet	II.	Idem	Idem	49		+	″							″	
			Verdier	II.	Idem	Idem	61	11	+	″							″	
			Le Moulin du Bain	II.	Idem	Idem	62	32	+	″							″	
	....		La Bonde	II.	Idem	Idem	73	15	+	″	3	″	″	″			″	
			L'Hospice	II.	Idem	Idem	70	18	+	″							″	

Statistique détaillée des sources minérales exploitées ou autorisées en France et en Algérie, au 1er juillet 1882.

Noms des départements et des communes. 1	Noms des établissements ou des propriétaires. 2	Désignation des propriétaires. 3	Noms des sources. 4	Nature des eaux. Classe. 5	Nature des eaux. Désignation. 6	Situation géologique des couches par lesquelles les sources arrivent au jour. 7	Température centigrade. 8	Débit litres par minute. 9	Usage des eaux. En boisson. 10	Usage des eaux. Externe. 11	Nombre des sources exploitées. 12	Nombre des baignoires. 13	Nombre des piscines. 14	Nombre des malades en 1881. Déclarés. 15	Nombre des malades en 1881. Évalués. 16	Dates des actes administratifs. 17	Étendue du périmètre de protection. 18	Observations. 19
								Litres.									hect. a. c.	(Colonne 1re: Communes où résident des médecins inspecteurs. — Col. 3. Sources appartenant au domaine de l'État: E.; aux départements: D.; aux communes: C.; aux particuliers: P. — Col. 17. A. M.: autorisation ministérielle; D. U.: décret d'utilité publique; D. P.: décret fixant le périmètre de protection. — Les sources non exploitées sont indiquées en italiques.)
* Chaudesaigues (Suite.)	.....	P.	Sources de Lastende. 1re	II.	Alcalines	Terrain primitif	35	.....	+	″						.....	″	
			2e	II.	Idem	Idem	53	.....	+	″	3	″	″	″		.....	″	
			3e	II.	Idem	Idem	72	.....	+	″						.....	″	
			Clavières	II.	Idem	Idem	37	16	+	″						.....	″	
			Le Gravier-Bas	II.	Idem	Idem	65	36	+	″	2	″	″	″		.....	″	
			La Condamine	II.	Idem	Idem	.....	.....	+	″	1	″	″	″		.....	″	
* Vic-sur-Cère	Vic-sur-Cère	P.	Vic-sur-Cère	II.	Alcalines, salines gazeuses	Terrain cristallin	10	2.1	+	″	1	″	″	420		A. M. 25 juin 1857	″	Les eaux de Vic-sur-Cère jaillissent par quatre griffons placés sous une même voûte.
Fau	Crochepeyre	C.	Crochepeyre	II.	Alcalines	Terrain volcanique (tuf et conglomérats)	10	0.5	+	″	1	″	″	″	.....	A. M. 12 décembre 1858	″	
	Planty	C.	Planty	III.	Ferrugineuses et sulfatées	Idem	8	1.7	+	″	1	″	″	″	.....	Idem	″	
Teissières-lès-Bouliès	Dr Bergounioux	P.	Teissières	III.	Idem	Terrain éruptif	11	.....	+	″	1	″	″	″	.....	A. M. 24 août 1857	″	
* Sainte-Marie	.....	.....	Non dénommées (2 s.)	III.	Ferrugineuses bicarbonatées	Gneiss	.....	.....	+	″	2	″	″	″	1,000	.....	″	
							Totaux.	441,3	....	....	34	23	″	420	1,800	.....	″	Nota. Il existe, en outre, dans le département d'autres sources minérales non autorisées et qui ne paraissent pas exploitées, notamment à Molée, Saint-Géraud, le Claux, Sarrus, etc.
Charente.																		
Alloue	Availles	P.	Non dénommées (3 sources)	IV.	Chlorurées sodiques	Jonction du granite et du calcaire jurassique (étage inférieur)	10	0.9	+	″	3	″	″	″	.....	A. M. 28 septembre 1814	″	Un très petit nombre de malades emportent annuellement quelques litres de ces eaux. Les sources ne sont pas entretenues; elles se trouvent dans un marais tourbeux, et c'est à peine si l'on peut reconnaître l'orifice des puits.
Charente-Inférieure.																		
Soubise	Joseph Lair	P.	La Rouillasse (2 sources)	III.	Ferrugineuses et sulfureuses	Grès verts	18	1.6	+	″	2	″	″	″	.....	A. M. 3 juillet 1819	″	Quelques malades seulement font usage de ces eaux. Environ 2,000 litres sont vendus par le propriétaire, à raison de 0f 20c le litre.
Corse.																		
Poggiolo	Guagno	D.	St-Antoine de Guagno	I.	Sulfureuses iodurées alcalines	Granite	55	50	+	+	1	36	29	″	150	D. U. 7 septembre 1840	″	L'établissement possède, en outre, une salle de douches.
Terrano	.....	P.	Pardina	III.	Acidules ferrugineuses	Schistes calcaires	10	20	+	″	1	″	″	″	1,000	A. M. 1er juin 1874	″	
* Rapaggio	Compagnie d'Orezza	D.	Sorgente Sottana	III.	Idem	Idem	14	20	+	″	1	″	″	″	900	A. M. 25 avril 1856; D. U. 7 février 1866	″	
Stazzona	Nicolaï	P.	Piene	III.	Idem	Idem	14	4	+	″	1	″	″	″	.....	A. M. 26 octobre 1876	″	
Rappaggio	Idem	P.	Tastavunta	III.	Idem	Idem	16	6	+	″	1	″	″	″	.....	Idem	″	Ces trois sources sont voisines de celle d'Orezza; elles ne sont pas fréquentées par les baigneurs.
San Gavino d'Ampugnani	Caldane	P.	Caldane	III.	Idem	Idem	10	.....	+	″	1	″	″	″	.....	A. M. 25 décembre 1877	″	
Olmeto	Baracci	P.	Baracci	I.	Sulfureuses	Idem	45	50	″	+	1	″	1	″	260	A. M. 26 août 1881	″	Bains de boue.
Sarrola-Carcopino	[illegible]-Costi	P.	Caldaniccia	I.	Sulfurées sodiques	Idem	37	80	+	+	1	16	″	″	400	D. U. 2 décembre 1851	″	
Guitera	Guitera	P.	Caldane	I.	Sulfureuses	Idem	37	60	+	+	1	30	1	″	300	.....	″	L'établissement possède un vaporarium.
Amisanti	Puzzichello	P.	Puzzichello	I.	Idem	Terrains secondaires calcaires	37	25	+	+	1	20	6	″	250	.....	″	
Isolaccio	Pietrapola	D.	Pietrapola	I.	Sulfureuses faibles	Idem	58	45	+	+	1	20	1	″	50	.....	″	
Zigliara	Urbalacone	P.	Caldane	I.	Sulfureuses iodurées alcalines	Schistes calcaires	32	30	+	+	1	″	2	″	400	.....	″	
Vico	Caldanelle	P.	Caldanelle	I.	Sulfureuses faibles	Idem	16	30	″	+	1	″	1	″	100	.....	″	
Sollacaro	Giunca	P.	Giunca	I.	Idem	Terrains secondaires calcaires	14	15	″	+	1	″	1	″	100	.....	″	
Sainte-Lucie-de-Tallano	Caldane	D.	Caldane	I.	Idem	Idem	14	12	+	+	1	″	1	″	60	.....	″	
							Totaux.	453	....	....	15	122	43	″	3,970	.....	″	
Côte-d'Or.																		
Santenay	.....	P.	Fontaine salée	IV.	Chlorurées sodiques	Lias moyen recouvert d'alluvion (limon ferrugineux de la Bresse)	10,5	1,2	+	″	1	″	″	″	(1) 2,000	A. M. 9 janvier 1864	″	(1) Ce nombre s'applique aux personnes des environs qui viennent simplement passer la journée à Santenay et à de rares baigneurs y restant seulement quelques jours.

Statistique détaillée des sources minérales exploitées ou autorisées en France et en Algérie, au 1er juillet 1882.

NOMS des départements et des communes. 1	NOMS des établissements ou des propriétaires. 2	[illegible] de propriété. 3	NOMS des sources. 4	NATURE DES EAUX. Classe. 5	NATURE DES EAUX. Désignation. 6	SITUATION GÉOLOGIQUE des orifices par lesquels les sources arrivent au jour. 7	TEMPÉRATURE en degrés centigrades. 8	DÉBIT par minute. 9	USAGE DES EAUX. Interne. 10	USAGE DES EAUX. Externe. 11	NOMBRE des piscines. 12	NOMBRE des [illegible]. 13	NOMBRE des [illegible]. 14	NOMBRE DES MALADES en 1881. [illegible] 15	NOMBRE DES MALADES en 1881. [illegible] 16	DATES des actes administratifs. 17	ÉTENDUE du périmètre de protection. 18	OBSERVATIONS. (Colonne 1re : Communes où résident des médecins inspecteurs. — Col. 3. Sources appartenant au domaine de l'État : E.; aux départements : D.; aux communes : C.; aux particuliers : P. — Col. 17. A. M. : autorisation ministérielle; D. U. : décret d'utilité publique; D. P. : décret fixant le périmètre de protection. — Les sources non exploitées sont indiquées en italiques.) 19
								litres									hect. a. c.	
CÔTES-DU-NORD.																		
Dinan	La Commune.	C.	Fontaine des eaux	IV.	Ferro-alcalines et arsenicales	Granite	13	......	+	″	1	″	″	″	......	......	″	L'usage de ces eaux remonte au XVIe siècle.
CREUSE.																		
			Source du grand bassin rond	IV.	Sulfatées sodiques	Les eaux d'Évaux viennent sourdre à l'extrémité sud d'un vallon étroit, au milieu des gneiss, dans un rayon d'une vingtaine de mètres.	37	35	″	+						A. M. 19 avril 1879	″	
			Puits du bassin de vapeur	IV.	*Idem*	*Idem*	53	5	″	+						*Idem*	″	
			Puits du milieu du grand bassin rectangulaire	IV.	*Idem*	*Idem*	51	3	″	+						*Idem*	″	
			Source du manège	IV.	*Idem*	*Idem*	40	1	″	+						*Idem*	″	
			Source Delamarre	IV.	*Idem*	*Idem*	51	5	″	+						*Idem*	″	
			Source Sainte-Marie	IV.	*Idem*	*Idem*	49	2,5	+	″						*Idem*	″	
			Source Rossleur	IV.	*Idem*	*Idem*	51	3	″	+						*Idem*	″	
* Évaux	Évaux	P.	Puits carré	IV.	*Idem*	*Idem*	48	2,5	″	+	18	34	3	548	—	*Idem*	″	L'autorisation d'exploitation s'applique à l'établissement en général.
			Puits rond	IV.	*Idem*	*Idem*	58	2	″	+						*Idem*	″	
			Source du bassin elliptique	IV.	*Idem*	*Idem*	40	8	″	+						*Idem*	″	
			Groupe du grand puits	IV.	*Idem*	*Idem*	50	9	″	+						*Idem*	″	
			Grand puits Déglande	IV.	*Idem*	*Idem*	50	7	″	+						*Idem*	″	
			Petit puits de César	IV.	*Idem*	*Idem*	45	2	″	+						*Idem*	″	
			Source de César	IV.	*Idem*	*Idem*	57	14	″	+						*Idem*	″	
			Source du Rocher	IV.	*Idem*	*Idem*	45	6	+	+						*Idem*	″	
			Source du grand bassin rectangulaire	IV.	*Idem*	*Idem*	49	24	″	+						*Idem*	″	
			Puits des manulures	IV.	*Idem*	*Idem*	50	4	″	+						*Idem*	″	
			Petite cour Déglande	IV.	*Idem*	*Idem*	......	......	″	+						*Idem*	″	
							TOTAUX.	133	....	....	18	34	3	548	......	......	″	
DOUBS.																		
Guillon	Guillon	P.	Guillon	I.	Sulfureuses calciques	Lias moyen	15	20	+	+	1	18	″	″	125	A. M. 25 septembre 1846	″	Établissement d'une minime importance et fréquenté seulement par les habitants des contrées environnantes.
Loc ou Villers	Villers-le-Lac	P.	*Villers*	*III.*	*Ferrugineuses*	*Terrain néocomien*	*12*	*5,5*	+	″	″	″	″	″	......	*A. M. 27 février 1852*	″	Source inexploitée depuis longtemps.
							TOTAUX.	20	....	....	1	18	″	″	125	......	″	
DRÔME.																		
* Montbrun	Montbrun-les-Bains	P.	Plâtrière	I.	Sulfureuses calciques	Formation gypseuse rapportée au terrain tertiaire inférieur	10,5	135	+	+	2	50	″	490	—	A. M. 11 mai 1859	″	On a expédié en 1880 200 bouteilles de la première source et 800 de la seconde.
			Les Roches	I.	*Idem*	*Idem*	10,5	31	+	+						*Idem*	″	
Propiac	Château-Salin	P.	Daniel	IV.	Sulfatées calciques	Séparation des dolomies gypseuses et des marnes noires rapportées aux lias	16	180	+	+	1	24	″	″	197	A. M. 29 août 1843	″	[illegible] plusieurs autres sources sulfatées calciques non autorisées, dont deux sont employées pour l'usage médical. Il y a également deux sources chlorurées.

Statistique détaillée des sources minérales exploitées ou autorisées en France et en Algérie, au 1er juillet 1882.

NOMS des départements et des communes	NOMS des établissements ou des propriétaires	Désignation des propriétaires	NOMS des sources	NATURE DES EAUX. Classe	NATURE DES EAUX. Désignation	SITUATION GÉOLOGIQUE des couches par lesquels les sources arrivent au jour	TEMPÉRATURE en degrés centigrades	DÉBIT moyen par minute	USAGE DES EAUX. Internes	USAGE DES EAUX. Externes	NOMBRE des sources exploitées	NOMBRE des baignoires	NOMBRE des piscines	NOMBRE DES MALADES en 1881. Déclaré	NOMBRE DES MALADES en 1881. Évalué	DATES des actes administratifs	ÉTENDUE du périmètre de protection	OBSERVATIONS. (Colonne 1.re. Communes où résident des médecins inspecteurs. — Col. 3. Sources appartenant au domaine de l'État : E. ; aux départements : D. ; aux communes : C. ; aux particuliers : P. — Col. 17. A. M. : autorisation ministérielle ; D. U. : décret d'utilité publique ; D. P. : décret fixant le périmètre de protection. — Les sources non exploitées sont indiquées en italique.)
1	2	3	4	5	6	7	8	9	10	11	12	13	14	15	16	17	18	19
								litres.									hect. a. c.	
Condorcet	Condorcet-les-Bains	P.	Non dénommée	IV.	Sulfatées calciques	Filon de célestine associé à un puissant amas de gypses dans des marnes noires rapportées au lias	11	20	+	+	1	15	″	″	300	A. M. 21 janvier 1879	″	
Poyols	Albert Piot	P.	Cerisier	IV.	Chlorurées avec traces fort sensibles de brôme et d'iode	Conglomérats à éléments calcaires, ciment marneux et marnes oxfordiennes	14,5	3	+	+	1	13	″	″	200	A. M. 22 mai 1865	″	Il existe une autre source, dite de la galerie, beaucoup plus minéralisée, mais non autorisée.
Pont-de-Barret	Dossat	P.	Souveraine	IV.	Bicarbonatées calciques	Calcaire néocomien	11	9	+	+	1	5	″	″	500	A. M. 6 octobre 1851	″	Le propriétaire a déclaré avoir expédié de 12 à 15,000 bouteilles en 1880.
* Aurel	Bourdouyre	P.	Bourdouyre	IV.	Acidules très légèrement iodurées	Calcaire marneux oxfordien	11,5	9	+	″	1	″	″	″	......	A. M. 29 avril 1859	″	On expédie annuellement environ 10,000 bouteilles.
Allan	Guilleminot	P.	Bondonneau	IV.	Acidules légèrement sulfureuses et bromo-iodurées	Argile mélangée de sable reposant sur le terrain néocomien et représentant peut-être les grès verts	15	83,5	+	″	1	″	″	″	......	A. M. 8 septembre 1865	″	On expédie annuellement 7 à 8,000 bouteilles.
* Condillac	Condillac	P.	Anastasie	IV.	Acidules avec traces d'iode	Déchirure du terrain néocomien	12,5	2,7	+	″	1	″	″	″	......	A. M. 1er mai 1859. D. U. 18 novembre 1865	″	On expédie journellement de 2,000 à 3,000 bouteilles. Il existait autrefois à Condillac une autre source dite *Lise*, tarie depuis longtemps.
Mureils	Mallet	P.	*Bretonnière*	*III.*	*Ferrugineuses*	*Marnes argileuses gris bleuâtre rapportées au terrain tertiaire supérieur*	*14*	*9,9*	+	″	″	″	″	″	......	A. M. 5 mars 1875	″	Source inexploitée.
							Totaux	479,2	....	....	9	108	″	490	1,197	....	″	
EURE.																		
Mesnil-sur-l'Estrée	....	P.	Prieuré d'Heudreville	II.	Alcalines	Craie blanche	10	......	+	″	1	″	″	″	......	A. M. 5 octobre 1867	″	Le débit de la source, qui se fait jour au fond d'un puits de 22 mètres de profondeur, n'a jamais été mesuré. — Les eaux ne sont pas prises sur place, mais expédiées en bouteilles. Il en est livré à la consommation environ 3,000 bouteilles par an.
FINISTÈRE.																		
Kerlouën	....	P.	Le Louch-an-Dreff	IV.	Sulfurées iodo-chlorurées sodiques	Granite recouvert de tourbe	12	5,5	+	″	1	″	″	″	......	A. M. 20 décembre 1878	″	
GARD.																		
			Benjamin	I.	Sulfurées calciques	Micaschistes siluriens	15	9	″	+						A. M. 18 juillet 1841	″	
* Avène	Cauvalat	P.	Émilie	I.	*Idem*	*Idem*	15	16	+	″	4	32	″	156	—	*Idem*	″	
			Augustine	I.	*Idem*	*Idem*	15	6	″	+						*Idem*	″	
			Verdier	I.	*Idem*	*Idem*	15	12	″	+						*Idem*	″	
* Sauve	Fonsanges	P.	Fonsanges	I.	*Idem*	Marnes et calcaires argileux néocomiens	23	27	+	+	1	25	″	208	—	A. M. 29 avril 1876	″	
	Les Fumades. Établissement principal	P.	Étienne	I.	*Idem*	Calcaires de l'éocène lacustre du bassin d'Alais	15	98	+	+	2	24	″			A. M. 2 septembre 1854	″	
			Thérèse	I.	*Idem*	*Idem*	15	100	+	+						....	″	
	Les Fumades. Établissement Roustant	P.	Pierre	I.	*Idem*	*Idem*	15	60	+	″						A. M. 23 septembre 1872	″	
* Allègre			Romaine	I.	*Idem*	*Idem*	15	80	″	+	4	17	″	610	—	A. M. 9 avril 1880	″	
			Roustant	I.	*Idem*	*Idem*	15	13	″	+						*Idem*	″	
			Julia	I.	*Idem*	*Idem*	15	40	″	+						*Idem*	″	
	Les Fumades. Établissement Justet	P.	Zoé	I.	*Idem*	*Idem*	15	100	+	″	2	7	″			A. M. 3 décembre 1863	″	
			Près de la maison	I.	*Idem*	*Idem*	15	70	+	+						*Idem*	″	
			Lavalette	I.	*Idem*	Calcaires asphaltiques de l'éocène lacustre d'Alais	13	11	+	+						A. M. 5 novembre 1847	″	
* Euzet	Euzet-les-Bains	P.	Marquise	I.	*Idem*	*Idem*	13	17	″	+	3	22	″	300	—	....	″	
			Auphan	III.	Ferrugineuses magnésiennes	*Idem*	14	22	+	″						....	″	
			Comtesse	*I.*	*Sulfurées*	*Idem*	*13*	*8*	″	″						....	″	Cette source n'est pas utilisée.

Statistique détaillée des sources minérales exploitées ou autorisées en France et en Algérie, au 1er juillet 1882.

NOMS des départements et des communes. 1	NOMS des établissements ou des propriétaires. 2	Désignation du propriétaire. 3	NOMS des sources. 4	NATURE DES EAUX. Classe. 5	NATURE DES EAUX. Désignation. 6	SITUATION GÉOLOGIQUE des terrains par lesquels les sources arrivent au jour. 7	TEMPÉRATURE en degrés centigrades. 8	DÉBIT moyen par minute. 9	USAGE DES EAUX. Interne. 10	USAGE DES EAUX. Externe. 11	NOMBRE des sources exploitées. 12	NOMBRE des baignoires. 13	NOMBRE des piscines. 14	NOMBRE DES MALADES EN 1881. Déclaré. 15	NOMBRE DES MALADES EN 1881. Évalué. 16	DATES des actes administratifs. 17	ÉTENDUE du périmètre de protection. 18	OBSERVATIONS. (Col. 1, * : Commune où résident des médecins inspecteurs. — Col. 3. Sources appartenant au domaine de l'État : E. ; aux départements : D. ; aux communes : C. ; aux particuliers : P. — Col. 17. A. M. : autorisation ministérielle ; D. E. : décret d'utilité publique ; D. P. : décret fixant le périmètre de protection. — Les sources non exploitées sont indiquées en italiques.) 19
								litres.									hect. a. c.	
Saint-Jean-de-Céyrargues	Molines	P.	Sophie	I.	Sulfurées calciques	Calcaires asphaltiques de l'éocène lacustre d'Alais	10	20	+	+	2	12	»	»	60	A. M. 31 mai 1865	»	Les eaux de ces deux sources sont recueillies dans un même réservoir.
			Anna	I.	*Idem*	*Idem*	10		+	+						*Idem*	»	
	Péladon	P.	*Péladon*	I.	*Idem*	*Idem*	10	......	+	+	»	4	»	»	»	*Idem*	»	L'établissement est fermé depuis quatre ans par suite du décès du propriétaire. Le débit de la source n'a jamais été mesuré.
Vergèze	Les Bouillens	P.	Granier	IV.	Acidules gazeuses	Argiles et sables subapennins	16	14	+	+	3	8	1	»	150	A. M. 23 juin 1863	»	
			Dulimbert	IV.	*Idem*	*Idem*	16	......	+	»						......	»	
			Ponge	IV.	*Idem*	*Idem*	16	......	»	+						......	»	
	Daunis	P.	Daunis	IV.	*Idem*	*Idem*	15	6	+	»	1	»	»	»	......	A. M. 13 décembre 1878	»	L'eau s'expédie en bouteilles seulement.
Saint-Hippolyte-de-Caton	......	P.	Saint-Hippolyte-de-Caton	I.	Sulfurées calciques	Calcaires de l'éocène lacustre du bassin d'Alais	13	......	+	»	1	»	»	»	......	A. M. 16 février 1863	»	Le débit de cette source est faible ; l'eau est utilisée seulement en boisson par les gens du pays.
Saint-Félix-des-Pallières	......	P.	*Magnanrille*	III.	*Ferrugineuses*	*Marnes du trias*	12	10	+	»	»	»	»	»	......	A. M. 28 juin 1877	»	Source non utilisée.
							TOTAUX.	736	....	....	23	147	1	1,224	310	......	»	
GARONNE (HAUTE-).																		
* Bagnères-de-Luchon	Bagnères-de-Luchon	C.	Ferras ancienne	I.	Sulfurées sodiques	Jonction du granite et des micaschistes	39,5	1.2	+	+	18	121	3	3,370	——	A. M. 27 mars 1876	»	On évalue à 30,000 le nombre total des personnes qui viennent à Luchon, chaque année.
			—— nouvelle	I.	*Idem*	*Idem*	43	0.6	+	+						*Idem*	»	
			Étigny	I.	*Idem*	*Idem*	49	6.0	»	+						*Idem*	»	
			Enceinte	I.	*Idem*	*Idem*	50	1,5	+	+						*Idem*	»	
			Bosquet	I.	*Idem*	*Idem*	36,5	11	»	+						*Idem*	»	
			Bordeu	I.	*Idem*	*Idem*	52	46	»	+						*Idem*	»	
			Richard inférieure	I.	*Idem*	*Idem*	34,5	10	»	+						*Idem*	»	
			—— supérieure et Azémar	I.	*Idem*	*Idem*	49.5	30	»	+						*Idem*	»	
			Blanche	I.	*Idem*	*Idem*	45	5.7	»	+						*Idem*	»	
			Tibles	I.	*Idem*	*Idem*	41	60	»	+						*Idem*	»	
			Reine	I.	*Idem*	*Idem*	56	44.5	+	+						*Idem*	»	
			La Grotte inférieure	I.	*Idem*	*Idem*	53,5	5.4	»	+						*Idem*	»	
			—— supérieure	I.	*Idem*	*Idem*	54,5	5	+	+						*Idem*	»	
			Bayen	I.	*Idem*	*Idem*	71,5	......	+	+						*Idem*	»	Débit très faible, se mêle à la source Reine.
			Romains	I.	*Idem*	*Idem*	45.5	1,1	+	»						*Idem*	»	
			Le Prés n° 1	I.	*Idem*	*Idem*	58,5	3.3	+	»						*Idem*	»	
			—— n° 2	I.	*Idem*	*Idem*	47,5	1	+	»						*Idem*	»	
			—— n° 3	I.	*Idem*	*Idem*	40,5	2	+	»						*Idem*	»	
	Léo Baria	P.	Sourouilles	III.	Ferrugineuses arsenicales iodurées	Filon de pyrites arsenicales encaissé dans des quartz et des phyllades magnésiques	13,5	0,2	+	»	1	»	»	»	»	A. M. 21 juin 1876	»	Il a été expédié 8,000 bouteilles en 1880.
Salies	Salies	P.	Salée	IV.	Salées	Terrain nummulitique	18	25	»	+	1	10	»	»	60	A. M. 2 février 1876	»	Établissement ouvert le 30 juin 1881.
Barbazan	Bon Iderc	P.	Le Saule	IV.	Sulfatées calciques et magnésiennes	Alluvions anciennes reposant sur le terrain crétacé inférieur	19,5	10	+	+	1	12	»	»	5,600	A. M. 23 mars 1857	»	
	Verdier	P.	Verdier	IV.	*Idem*	*Idem*	15,5	26	+	»	1	»	»	»		A. M. 23 mai 1880	»	
Labarthe-Rivière	Puyfontret	P.	Non dénommés	IV.	Sulfatées calciques	......	21	......	»	+	1	17	»	»	700	A. M. 26 juin 1826	»	Débit non mesuré.
	Chaufran	P.	Les Bains	IV.	*Idem*	......	22,5	21	+	+	1	10	1	»	300	A. M. 10 décembre 1878	»	
* Encausse	Orgui	P.	Targot	IV.	Sulfatées calciques et magnésiennes gazeuses	Calcaires liasiques	22	55,5	+	»	1	»	»	1,580	»	A. M. 19 août 1863	»	
	La Commune	C.	La Commune	IV.	*Idem*	*Idem*	22		+	+	1	20	»			A. M. 2 germinal an XII	»	
Ganties	Chanes	P.	Bagnis	IV.	Bicarbonatées calciques et ferrugineuses	......	......	......	»	+	1	......	»	»	......	A. M. 27 août 1815	»	

Statistique détaillée des sources minérales exploitées ou autorisées en France et en Algérie, au 1er juillet 1882.

NOMS des départements et des communes. (1)	NOMS des établissements ou des propriétaires. (2)	Désignation du propriétaire. (3)	NOMS DES SOURCES. (4)	NATURE DES EAUX. Classe. (5)	NATURE DES EAUX. Dénomination. (6)	SITUATION GÉOLOGIQUE des roches par lesquelles les sources arrivent au jour. (7)	TEMPÉRATURE en degrés centigrades. (8)	DÉBIT des sources par minute. (9)	USAGE DES EAUX. Intérieur. (10)	USAGE DES EAUX. Extérieur. (11)	NOMBRE des sources exploitées. (12)	NOMBRE des baignoires. (13)	NOMBRE des piscines. (14)	NOMBRE DES MALADES en 1881. Déclaré. (15)	NOMBRE DES MALADES en 1881. Évalué. (16)	DATES DES ACTES ADMINISTRATIFS. (17)	ÉTENDUE du périmètre de protection. (18)	OBSERVATIONS. [illegible] (19)
								litres.									hect. a. c.	
Boussan		P.	Barthète	IV.	Bicarbonatées calciques et ferrugineuses	Terrain nummulitique	17	......	»	+	1	12	1	»	500	A. M. 16 septembre 1863	»	
Le Plan	Raffaut	P.	Castille	III.	Ferrugineuses	Idem	13	1,1	+	»	1	»	»	»	50	A. M. 1er septembre 1880. D. U. 22 décembre 1879	3 32 00	
Soleich et Castagnède		P.	La Pyrène	III.	Ferrugineuses acidulées		14	......	+	+	1	3	»	»	......	A. M. 19 avril 1876	»	Les baigneurs sont en petit nombre.
Couret	Bagnious	P.	Bagnious	III.	Ferrugineuses salines		......	......	+	+	1	18	»	»	1,850		»	
							Totaux.	391,7	....	....	31	220	5	4,990	9,280		3 32 00	
GERS.																		
* Cazaubon	Barbotan	P.	Groupe n° 1 — grand bassin	I.	Sulfureuses sodiques	Les eaux sourdent d'un banc tourbeux, mais elles paraissent venir d'un relèvement du terrain crétacé existant en profondeur	35,3	34	»	+						A. M. 6 juin 1854	»	
			Groupe n° 1 — piscine n° 1	I.	Idem	Idem	31,2	......	»	+						Idem	»	
			Groupe n° 1 — idem n° 2	I.	Idem	Idem	34,8	......	»	+						Idem	»	
			Groupe n° 1 — bain des pauvres	I.	Idem	Idem	33,2	......	»	+						Idem	»	
			Groupe n° 1 — ferrugineuse	III.	Ferrugineuses	Idem	21,3	13	+	»						Idem	»	
			Groupe n° 2 — les boues	I.	Sulfureuses	Idem	31	......	»	+						Idem	»	
			Groupe n° 2 — la douche	I.	Idem	Idem	30,2	50	»	+						Idem	»	
			Groupe n° 2 — le marais boueux	I.	Idem	Idem	33,4	......	»	+	12	30	11	1,200	—	Idem	»	Le débit des sources les plus importantes de Barbotan est seul connu avec précision.
			Groupe n° 3 — piscine des bains tempérés	I.	Idem	Idem	29	......	»	+						Idem	»	
			Groupe n° 3 — bassin des bains tempérés	I.	Idem	Idem	30,5	......	»	+						Idem	»	
			Groupe n° 4 — buvette sulfureuse	I.	Idem	Idem	29,8	......	+	»						Idem	»	
			Groupe n° 5 — Saint-Pierre	I.	Idem	Idem	32,1	......	»	+						Idem	»	
Aurensan	Aurensan	P.	Non dénommées (3 sces)	IV.	Salines et ferrugineuses	Marne tertiaire (miocène)	......	34,7	+	+	3	9	»	»	390	A. M. 22 janvier 1880	»	
* Castéra-Verduzan	Le Maska	P.	Supérieure et Inférieure	I.	Sulfureuses calciques	Banc tourbeux recouvrant le terrain crétacé	16	......	+	+	2	14	»	»	183	A. M. 9 mai 1843	»	
	Castéra-Verduzan	P.	Sulfureuse	I.	Idem	Terrain crétacé	23,5	93	+	+	2	36	»	»	450	Idem	»	
			Ferrugineuse	III.	Ferrugineuses	Idem	23,2	72	+	+						Idem	»	
Lavardens	Fontaine-Chaude	P.	Fontaine-Chaude	IV.	Acidulées gazeuses, sulfureuses	Dolomies du terrain crétacé	19	213	+	+	1	6	»	»	320	A. M. 2 juillet 1856	»	
Bassoues	La Horte	P.	La Horte (2 sources)	IV.	Chlorurées sodiques et calciques	Marne tertiaire (miocène)	15,5	......	+	+	2	7	»	»	165	A. M. 20 août 1867	»	
Ramouzens	Le Mourra	P.	Le Mourra	I.	Sulfureuses calciques	Banc tourbeux recouvrant probablement le terrain crétacé	18	......	»	+	1	7	»	»	70	A. M. 6 juillet 1859. — 14 mars 1874	»	
							Totaux.	515,7	....	....	23	99	11	1,200	1,536		»	
GIRONDE.																		
Cours	[illegible]	P.	La Bode	III.	Ferrugineuses	Sable des Landes	12	300	+	+	1	10	»	»	35	A. M. 9 mai 1860	»	
Cestas	Docteur Ballet	P.	Les Fontaines	III.	Idem	Idem	11	200	+	»	2	»	»	»	......	A. M. 14 janvier 1861	»	
			Les Sablons	III.	Idem	Idem	11	300	+	»						Idem	»	
							Totaux.	800	....	....	3	10	»	»	35		»	

Statistique détaillée des sources minérales exploitées ou autorisées en France et en Algérie, au 1er juillet 1882.

NOMS des départements et des communes (1)	NOMS des établissements ou des propriétaires (2)	Nature de propriété (3)	NOMS des sources (4)	NATURE DES EAUX: Classe (5)	NATURE DES EAUX: Désignation (6)	SITUATION GÉOLOGIQUE des sources par lesquels les sources arrivent au jour (7)	TEMPÉRATURE en degrés centigrades (8)	DÉBIT moyen par minute (9)	USAGE DES EAUX: Interne (10)	USAGE DES EAUX: Externe (11)	NOMBRE des [illegible] exploitées (12)	NOMBRE des baignoires (13)	NOMBRE des piscines (14)	NOMBRE DES MALADES en 188-: Déclaré (15)	NOMBRE DES MALADES en 188-: Évalué (16)	DATES des actes administratifs (17)	ÉTENDUE du périmètre de protection (18)	OBSERVATIONS (Colonne 1.) Communes où résident des médecins inspecteurs. — (Col. 3.) Sources appartenant au domaine de l'État: É.; aux départements: D.; aux communes: C.; aux particuliers: P. — (Col. 17.) A. M.: autorisation ministérielle; D. U.: décret d'utilité publique; D. P.: décret fixant le périmètre de protection. — Les sources non exploitées sont indiquées en italiques. (19)
								litres.									hect. a. c.	
HÉRAULT.																		
* Lamalou	Lamalou. Le Centre.	P.	Bourges	II.	Bicarbonatées sodiques, ferrugineuses crénatées	Schistes dévoniens	27		+	+						A. M. 16 avril 1861; D. U., D. P. 18 novembre 1868	62 00 00	
			Capus (buvette)	III.	Ferrugineuses	Idem	16	28	+	»	3	14	2	270	—	Idem	3 11 80	
			Source nouvelle	III.	Idem	Idem	22	......	+	»						A. M. 30 novembre 1881		
	Le Bas	P.	Source ancienne	II.	Bicarbonatées sodiques, ferrugineuses crénatées	Idem	34		+	+						D. U. 1er août 1862; D. P. 18 novembre 1867		
			Stolina	II.	Idem	Idem	30	300	+	+	4	4	6	2,180	—	Idem	79 29 13	
			Le Cardinal	II.	Idem	Idem	31		+	+						Idem		
			L'Usclade	II.	Idem	Idem	48		+	+						Idem		
			Source chaude	II.	Idem	Idem	31		+	+						D. C. 26 août 1865; D. P. 12 juin 1869		
	Le Haut	P.	Source tempérée	II.	Idem	Idem	27		+	+						Idem		
			Carrière	II.	Idem	Idem	......	300	+	»	6	2	6	1,180	—	Idem	59 65 00	
			Petit Vichy (buvette)	II.	Idem	Idem	......		+	»						Idem		
			La Mine	III.	Ferrugineuses	Idem	......		+	»						Idem		
			Moïse	II.	Bicarbonatées sodiques et ferrugineuses	Idem	......		+	»						Idem		
* Avène	Avène	P.	Avène	II.	Alcalines arsenicales	Porphyre quartzifère dans les calcaires dévoniens	27	350	»	+	1	6	10	180	—	D. U. 23 novembre 1874	»	
Cazouls-lès-Béziers	Montmajou	P.	Les Bains	IV.	Très peu minéralisées	Marnes supraliasiques	17	......	»	+	2	10	2	»	500	A. M. 8 juillet 1861	»	Le débit varie de 0 à 300 litres, suivant la saison.
			Le Puits	IV.	Chlorurées sodiques sulfatées magnésiennes	Idem	18	......	+	»						Idem	»	Le débit n'est pas bien déterminé, il varie avec les saisons ainsi que la minéralisation.
* Balaruc	Delarue	P.	Source ancienne	IV.	Chlorurées sodiques fortes	Terrain quaternaire; dépôts détritiques	48	215	+	+	1	18	2	494	—	D. C. 21 juillet 1868; D. P. 21 août 1869	......	
			Bidon	IV.	Chlorurées sodiques	Idem	16	48	+	+	»	»	»	»	......	A. M. 3 octobre 1873	»	Cette source inexploitée a été achetée par les propriétaires de la source ancienne.
Salvetat	Rieumajou	P.	La Grotte n° 1	III.	Ferrugineuses alcalines gazeuses	Granite	15	......	+	»	1	»	»	»	500	A. M. 2 février 1856	»	
Cette	......	P.	Saint-Joseph	IV.	Chlorurées sodiques	Terrain quaternaire; dépôts détritiques	......	......	+	»	1	»	»	»	400	A. M. 10 mars 1875	»	
Palavas	......	P.	Palavas	III.	Ferrugineuses alcalines gazeuses	Dépôts actuels; dunes de sable	15	......	+	»	1	»	»	»	......	A. M. 20 mars 1876	»	L'eau est livrée gratuitement au public et il n'est pas possible d'indiquer le nombre de personnes qui en boivent.
Les Aires	La Vernière	P.	La Vernière (buvette)	II.	Alcalines gazeuses	Schistes dévoniens	......	......	+	»	1	»	»	»	1,500	A. M. 18 avril 1861	»	
Juvignac	......	P.	*Foncaude*	IV.	*Salines*	*Terrain miocène*	23,7	......	»	+	»	......	»	»	......	A. M. 29 juin 1810	»	Source inexploitée. L'établissement comprenait 16 baignoires en 1861.
Saint-Julien	......	P.	*Saint-Julien*	IV.	*Idem*	*Terrains azoïques; pegmatites et micaschistes*	......	......	»	+	»	......	»	»	......	A. M. 26 octobre 1831	»	Source inexploitée.
Taussac	......	P.	*La Veyrasse*	II.	*Bicarbonatées sodiques et calciques*	*Schistes dévoniens*	......	......	»	+	»	......	»	»	......	A. M. 20 septembre 1858	»	Idem.
			Le docteur Carrière	IV.	*Salines*	*Oolithe inférieure*	......	......	»	+	»	......	»	»	......	A. M. 26 juillet 1862	»	Idem.
							Totaux.	1,193	......	......	21	60	28	4,310	2,900	......	204 05 93	
INDRE-ET-LOIRE.																		
Semblançay	......	P.	Fontaine de Semblançay	III.	Ferrugineuses	Calcaire du terrain crétacé (étage supérieur). L'eau sourd au fond d'une excavation de 1 mètre de profondeur et se déverse à l'extérieur	12	4	+	»	1	»	»	»	......	A. M. 1er février 18[illegible]	»	Les eaux ne sont employées que par les habitants de la localité.
ISÈRE.																		
* Uriage	Uriage	P.	Saline et sulfureuse	I.	Sulfureuses salines	Schistes argilo-calcaires à bélemnites du lias	26	255	+	+	3	131	»	*1,588	—	A. M. 28 avril 1877	»	* Ce nombre est celui des baigneurs seulement. Quant au nombre des baigneurs et des visiteurs il est au total d'environ 6,000.
			Ferrugineuse	III.	Ferrugineuses	Terrains de transport recouvrant les schistes argilo-calcaires du lias	13	20	+	»						Idem	»	

Statistique détaillée des sources minérales exploitées ou autorisées en France et en Algérie, au 1er juillet 1882.

NOMS des départements et des communes. 1	NOMS des établissements ou des propriétaires. 2	Situation du propriétaire. 3	NOMS DES SOURCES. 4	NATURE DES EAUX. Classe. 5	NATURE DES EAUX. Dénomination. 6	SITUATION GÉOLOGIQUE des gîtes par lesquels les sources arrivent au jour. 7	TEMPÉRATURE en degrés centigrades. 8	DÉBIT moyen par minute. 9	USAGE DES EAUX. Interne. 10	USAGE DES EAUX. Externe. 11	NOMBRE des sources exploitées. 12	NOMBRE des baignoires. 13	NOMBRE des piscines. 14	NOMBRE DES MALADES en 1881. Déclaré. 15	NOMBRE DES MALADES en 1881. Évalué. 16	DATES des actes administratifs. 17	ÉTENDUE du périmètre de protection. 18	OBSERVATIONS (Colonne 1.) : Communes où résident des médecins inspecteurs. — Col. 3. Sources appartenant au domaine de l'État : E. ; aux départements : D. ; aux communes : C. ; aux particuliers : P. — Col. 17. A. M. : autorisation ministérielle ; D. D. : décret d'utilité publique ; D. P. : décret fixant le périmètre de protection. — Les sources non exploitées sont indiquées en italiques. 19
								litres.									hect. a. c.	
* ALLEVARD	Allevard	P.	Le Bout-du-Monde	I.	Sulfureuses	Schistes argilo-calcaires à bélemnites du lias. L'eau jaillit dans un petit puits de 6 mètres de profondeur	16	90	+	+	1	34	"	* 1,561	——	A. M. 4 avril 1838. D. D. 26 mars 1859	"	* Nombre des baigneurs. Autant d'autres personnes accompagnent les baigneurs ou viennent passer quelques jours à Allevard.
* LA MOTTE-SAINT-MARTIN	La Motte-les-Bains	P.	Le Puits	IV.	Salines bromo-chlorurées	Calcaires inférieurs du lias. Les sources émergent des alluvions du Drac	57	99	+	+	1	36	1	522	——	A. M. 17 mars 1878	"	Peu de personnes, en dehors des baigneurs proprement dits, fréquentent l'établissement de La Motte-les-Bains. — L'eau de la source de la *Dame* n'est pas utilisée, celle du Puits étant plus que suffisante pour les besoins de l'établissement.
			La Dame	IV.	Idem	Idem	69	*120*	+	+	"	"	"	"	......	Idem	"	
La Terrasse	La Terrasse	P.	Les Combettes	I.	Sulfureuses alcalines et salines	Marnes oxfordiennes, recouvertes par des terrains meubles dans lesquels est percée une galerie de 70 mètres de longueur, qui amène l'eau minérale au jour	13	8,5	+	+	1	10	1	"	210	A. M. 14 juillet 1853	"	L'eau minérale des Combettes n'est guère utilisée que par les personnes de la localité.
Veurey	L'Écha'Bou	P.	L'Échaillon	I.	Sulfureuses	Calcaires néocomiens inférieurs	25	45	+	+	1	10	1	"	......	A. M. 3 décembre 1853	"	L'établissement de l'Échaillon est aujourd'hui à peu près complètement délaissé par suite du décès du propriétaire.
Cornillon-en-Trièves	Oriol. Chevalier	P.	Accarias	III.	Ferrugineuses et gazeuses	Schistes de la base du terrain oxfordien	10	3	+	"	2	"	"	"	......	A. M. 19 décembre 1879	"	Les eaux d'Oriol se vendent sur place et sont expédiées en bouteilles (5,000 à 6,000 par an) tant dans l'intérieur du département qu'au dehors.
			Bardonnenche	III.	Idem	Idem	11	2	+	"						Idem	"	
	Oriol. Durand Savoyat	P.	Valentine	III.	Idem	Idem	11	2	+	"	2	"	"	"	......	A. M. 20 mars 1876	"	
			Amélie	III.	Idem	Idem	10.5	2,5	+	"						Idem	"	
	Oriol. Auvergne	P.	Auvergne	III.	Idem	Idem	11	2	+	"	1	"	"	"	......	......	"	
Monêtier-de-Clermont	Monêtier-de-Clermont	P.	Bertrand	II.	Alcalines gazeuses	Calcaires marneux de l'étage oxfordien	......	......	+	"	3	"	"	"	......	......	"	Les eaux de ces sources se consomment sur place seulement ; elles servent aussi de temps en temps à donner des bains. Ces sources sont très imparfaitement captées, aussi le débit et la température sont-ils très variables.
			Bonnet	II.	Idem	Idem	......	......	+	+						......	"	
			Gautier	II.	Idem	Idem	......	......	+	"						......	"	
Tullins	Fures	P.	Fures	II.	Alcalines légèrement gazeuses	Terrains d'alluvions	15	90	"	+	1	9	"	"	......	......	"	L'eau de la source de Fures, très faiblement minéralisée, alimente un simple établissement de bains de propreté.
							TOTAUX	652	....	....	15	231	3	3,483	......	......	"	
JURA.																		
* SALINS	Salins	P.	Puits-à-Muire	IV.	Chlorurées sodiques	Grès du Keuper	10,5	250	+	+	1	82	1	"	1,200	A. M. 25 mars 1856	"	Établissement thermal indépendant de la saline de sel.
Lons-le-Saunier	Puits salé	P.	Puits salé	IV.	Idem	Marnes du trias	15	300	+	+	1	40	1	"	450	A. M. 29 novembre 1876	"	Idem.
							TOTAUX	550	....	....	2	122	2	"	1,050	......	"	
LANDES.																		
* DAX	Thermes-de-Sainte-Marguerite	P.	Le Bastion	IV.	Sulfatées calciques et chlorurées sodiques	Terrain tertiaire ; faille de l'Adour en relation avec les ophites	39,8	307,0	"	+	2	37	21			A. M. 11 juillet 1876	"	
			Sainte-Marguerite ou Bibi	IV.	Idem	Idem	39.8	69,1	"	+						Idem	"	
	Saint-Pierre	P.	Saint-Pierre	IV.	Idem	Idem	35	......	"	+	1	24	13			A. M. 1er juillet 1881	"	
	Thermes-Romains	P.	Jolie (2 sources)	IV.	Idem	Idem	42 et 56	......	"	+	2	16	3			A. M. 7 mars 1878	"	
	Les Baignots	P.	Non dénommée	IV.	Idem	Idem	63,7	27,8	"	+	1	18	12	(1) 10,899		Idem	"	(1) Ce nombre s'applique aux trois communes de Dax, Tercis et Saubusse.
	Séris	P.	Non dénommée	IV.	Idem	Idem	43	41	"	+	1	"	12			Idem	"	
* TERCIS	La Bagnère	P.	La Bagnère	IV.	Chlorurées sodiques	Terrain tertiaire ; relèvement du terrain crétacé	37,5	68	+	+	1	12	"			A. M. 10 février 1841	"	
* PRÉCHACQ	Grosmiguer, Craspe et Mey...	P.	L'Œil ou Source ancienne	IV.	Idem	Prolongement de la faille de l'Adour, à Dax	51,7	56	"	+	2	6	2	705		Idem	"	
			Nouvelle sulfureuse	I.	Sulfureuses calciques	Idem	14,5	......	+	+						Idem	"	Le débit de cette source est faible.
Villeneuve	Villeneuve	P.	La Brouné	III.	Ferrugineuses	Terrain miocène	15	5,3	+	+	1	0	"	"	1,100	A. M. 16 avril 1853	"	
* GAMARDE	Dompuier	P.	Marie	I.	Sulfureuses calciques chlorurées	Alluvions au voisinage des dolomites	14,5	150	+	+	1	6	"	150		A. M. 25 avril 1876	"	
* SAUBUSSE	Saubusse	C.	Joannin	IV.	Boues sulfatées calciques et chlorurées sodiques	Relèvement du terrain crétacé	35	50	"	+	1	"	1	"	......	A. M. 15 février 1861	"	

Statistique détaillée des sources minérales exploitées ou autorisées en France et en Algérie, au 1er juillet 1882.

NOMS des départements et des communes (1)	NOMS des établissements ou des propriétaires (2)	[illegible] de propriétaires (3)	NOMS des sources (4)	NATURE DES EAUX — Classe (5)	NATURE DES EAUX — Désignation (6)	SITUATION GÉOLOGIQUE des terrains par lesquels les sources arrivent au jour (7)	TEMPÉRATURE en degrés centigrades (8)	DÉBIT total par minute (9)	USAGE DES EAUX — Interne (10)	USAGE DES EAUX — Externe (11)	NOMBRE des sources captées (12)	NOMBRE des baignoires (13)	NOMBRE des piscines (14)	NOMBRE [illegible] en 1881 — [illegible] (15)	NOMBRE [illegible] en 1881 — [illegible] (16)	DATES des actes administratifs (17)	ÉTENDUE du périmètre de protection (18)	OBSERVATIONS (Colonne 1, * : Communes où résident des médecins-inspecteurs. — Col. 3. Sources appartenant au domaine de l'État : E. ; aux départements : D. ; aux communes : C. ; aux particuliers : P. — Col. 17. A. M. : autorisation ministérielle ; D. U. : décret d'utilité publique ; D. P. : décret fixant le périmètre de protection. — Les sources non exploitées sont indiquées en italiques.) (19)
								litres.									hect. a. c.	
* Eugénie-les-Bains	Mounon	P.	Non dénommées (2 sources)	I.	Sulfurées calciques	Terrain miocène	15.8	12	+	+	2	7	″	″	140	A. M. 22 juin 185[illegible]	″	
	Thermes de Saint-Loubouer	P.	Saint-Loubouer	I.	Sulfureuses alcalines	Idem	19.5	67	+	+	3	28	″	″	800		″	Les établissements de Saint-Loubouer, de Nicolas, du Bois et de Biros ont été l'objet de demandes en autorisation, non encore suivies d'effet.
			Les Prés	I.	Idem	Idem	17	27	+	+							″	
			Amélie	I.	Sulfurées calciques	Idem	18,5	25,5	+	+							″	
	Nicolas	P.	Nicolas (2 sources)	I.	Sulfureuses alcalines	Idem	15.5	27	+	+	2	12	″	″	400		″	
	Le Bois	P.	Le Bois	I.	Sulfureuses ferrugineuses	Idem	17.5	24	+	+	1	6	″	″	120		″	
Pouillon	Biros	P.	Biros	IV.	Chlorurées sodiques	Terrain gypso-salifère	19	120	+	″	1	″	″	″	......		″	
							Totaux.	1,072	....	....	22	178	64	11,304	1,560		″	
LOIR-ET-CHER.																		
Saint-Denis-sur-Loire	......	P.	*Médicis*	III.	*Ferrugineuses iodurées*	*Terrain tertiaire superposé au terrain crétacé*	12	190	+	+	″	......	″	″	......	A. M. 20 septembre 1854	″	Les sources, [illegible], sont abandonnées depuis 18[illegible].
			Beaucalme	III.	Idem	Idem	14		+	+	″	......	″	″	......	Idem	″	
			Henri IV	III.	Idem	Idem	14		+	+	″	......	″	″	......	Idem	″	
LOIRE.																		
			César	II.	Bicarbonatées sodiques et calciques gazeuses	Porphyre granitoïde	17.2	144	+	+	4	36	″	1,223	—	A. M. 28 novembre 1876	″	[illegible] bouteilles ont été expédiées en 187[illegible].
* Saint-Alban	Saint-Alban	P.	Faustine	II.	Idem	Idem	17.2		+	+						Idem	″	
			Julia	II.	Idem	Idem	17.2		+	+						Idem	″	
			Antonin	II.	Idem	Idem	17.2		+	+						Idem	″	
	Sail-sous-Couzan	C.	Fontfort	II.	Bicarbonatées sodiques gazeuses légèrement ferrugineuses	Filon de pyrite et de galène	12	11	+	+						A. M. 22 décembre 1858	″	
		P.	Dominique ou Rimaud	II.	Idem	Granite schisteux décomposé	......	20	+	″	3	25	″	″	1,200	A. M. 25 mai 1863	″	[illegible] bouteilles ont été expédiées en 187[illegible].
* Sail-sous-Couzan			Brault	II.	Idem	Idem	......	......	+	+						......	″	
			Ancienne	II.	Idem	Idem	......	......	+	″	2	″	″	″	......	A. M. 22 décembre 1876	″	Source non captée.
	Boyer	P.	Nouvelle	II.	Idem	Idem	......	4	+	″						Idem	″	Source incomplètement captée.
	Épéry	P.	Épéry	II.	Idem	Filon de pyrite et de galène	13	2	+	+	1	......	″	″	......	......	″	
		C.	Fontfort	II.	Bicarbonatées sodiques et calciques gazeuses	Terrain granitique	17	19.4	+	″	.					A. M. 10 mai 1858	″	
	Badoit	P.	Badoit	II.	Idem	Idem	......	18,7	+	″	4	″	″	″	......	A. M. 2 mars 1858	″	
			André	II.	Idem	Idem	......	18,7	+	″						Idem	″	
			Nouvelle	II.	Idem	Idem	11.5	9	+	″						Idem	″	
	Remy	P.	Remy	II.	Idem	Idem	......	15,3	+	″	1	″	″	″	......	A. M. 3 décembre 186[illegible]	″	Les divers établissements de Saint-Galmier ont expédié environ 8 millions de bouteilles d'eau en 1877.
	Courbière	P.	Ancienne	II.	Idem	Idem	......	5,6	+	″	2	″	″	″	......	A. M. 6 décembre 1866	″	
* Saint-Galmier			Nouvelle	II.	Idem	Idem	......	13.0	+	″						......	″	
			Centrale	II.	Idem	Idem	10,5	3,5	+	″						A. M. 28 février 1865	″	
			Durret	II.	Idem	Idem	......	3,5	+	″						Idem	″	
	Les Sources centrales	P.	La Font	II.	Idem	Idem	......	6.2	+	″	5	″	″	″	......	A. M. 30 mars 187[illegible]	″	
			Marianle	II.	Idem	Idem	......	0.8	+	″						Idem	″	
			Les Acacias	II.	Idem	Idem	......	8.5	+	″						......	″	
	Noël	P.	Noël	II.	Idem	Idem	......	18,7	+	″	1	″	″	″	......	A. M. 20 mars 1870	″	

Statistique détaillée des sources minérales exploitées ou autorisées en France et en Algérie, au 1er juillet 1882.

NOMS des départements et des communes. 1	NOMS des établissements et des propriétaires. 2	Désignation du propriétaire. 3	NOMS des sources. 4	NATURE DES EAUX. Classe. 5	NATURE DES EAUX. Désignation. 6	SITUATION GÉOLOGIQUE des orifices par lesquels les sources arrivent au jour. 7	Température en degrés centigrades. 8	Débit en litres par minute. 9	USAGE DES EAUX. Interne. 10	USAGE DES EAUX. Externe. 11	Nombre des sources exploitées. 12	NOMBRE des [illegible] 13	NOMBRE des [illegible] 14	NOMBRE DES MALADES EN 1881. Déclaré. 15	NOMBRE DES MALADES EN 1881. Évalué. 16	DATES des actes administratifs. 17	Étendue du périmètre de protection. 18	OBSERVATIONS. (Colonne 1. * : Communes où résident des médecins inspecteurs. — Col. 3. Sources appartenant au domaine de l'État : E. ; aux départements : D. ; aux communes : C. ; aux particuliers : P. — Col. 17. A. M. : autorisation ministérielle ; D. U. : décret d'utilité publique ; D. P. : décret fixant le périmètre de protection. — Les sources non exploitées sont indiquées en italique.) 19
								litres.									hect. a. c.	
			Les Romains	II.	Alcalines silicatées	Contact du granite et du terrain tertiaire	27	....	+	+						A. M. [illegible] juillet 18[illegible] et 2 juin 1881	″	
			Le Hamel	II.	Alcalines silicatées iodurées	Idem	34	800	″	+						Idem	″	
			Urphée	II.	Alcalines silicatées	Idem	26,5	....	+	+						Idem	″	
* Sail-les-Bains	Sail-les-Bains	P.	Belloty	III.	Ferrugineuses carbonatées crénatées	Idem	11	1	+	″	6	....	1	200	—	Idem	″	1,000 bouteilles ont été expédiées en 1877.
			De Persigny	I.	Sulfureuses alcalines silicatées	Idem	26,4	....	+	+						Idem	″	
			Sulfureuse	I.	Idem	Idem	23	....	+	″						Idem	″	
Renaison	Chasseret	P.	Chasseret	II.	Bicarbonatées sodiques et calciques gazeuses	Contact du porphyre granitoïde et du terrain de transition	....	4,2	+	″	1	″	″	″	....	A. M. 2 juillet 18[illegible]	″	Il a été expédié en 1877 environ 600,000 bouteilles, tant en eaux minérales qu'en limonade et eau gazeuse.
	Vignaucourt	P.	Vignaucourt	II.	Idem	Idem	....	2	+	″	1	″	″	″	....	A. M. 6 octobre 18[illegible]	″	18,000 bouteilles ont été expédiées en 1877.
Moingt	De Moingt	C.	La Romaine	II.	Idem	Idem	13	1,4	+	″	1	″	″	″	....	A. M. 26 mai 1869	″	100,000 bouteilles ont été expédiées en 1877 (eau minérale, eau gazeuse et limonade).
	De l'Hôpital	P.	L'Hôpital	I.	Sulfureuses alcalines	Idem	....	....	+	+	1	....	″	″	....	....	″	
Pélussin	Auges	P.	Auges (2 sources)	III.	Ferrugineuses crénatées	Granite blanc	13	0,8	+	″	2	″	″	″	30	A. M. 27 avril 1876	″	30 buveurs de passage et 15,000 bouteilles expédiées en 1878.
Cordelle	....	P.	De Cordelle	II.	Bicarbonatées sodiques gazeuses	Porphyre quartzifère	....	8,3	+	″	1	″	″	″	....	A. M. 29 août 1865	″	Eau très peu utilisée.
Charlieu	....	P.	Bala	III.	Ferrugineuses	Terrain d'alluvion	....	....	+	″	1	″	″	″	....	A. M. 28 avril 1879	″	Idem.
Saint-Priest-la-Roche	Saint-Priest-la-Roche	P.	De Saint-Priest	II.	Bicarbonatées sodiques gazeuses	Contact du porphyre quartzifère et des grès anthraxifères	....	8,2	+	+	1	4	″	″	150	....	″	14,000 bouteilles ont été expédiées en 1877.
Saint-Romain-le-Puy	....	P.	*Saint-Romain (2 sources)*	II.	Idem	*Contact du basalte et du terrain tertiaire*	14,5	3,1	+	″	″	″	″	″	....	A. M. 20 mars 1859	″	Ces sources sont inexploitées ; elles ont été achetées par la société Badoit pour supprimer la concurrence.
Origny	....	P.	*D'Origny et de Chazard*	II.	*Alcalines et sulfureuses*	*Terrain tertiaire et alluvions récentes*	13	16,7	+	+	″	9	″	″	....	A. M. 23 juin 1836	″	Source inexploitée depuis 1875.
Roanne	....	P.	*N° 1*	I.	*Sulfureuses ferrugineuses crénatées*	*Terrain d'alluvion*	....	....	+	″	″	″	″	″	....	A. M. 8 juin 1838	″	Ces sources sont abandonnées depuis longtemps.
			N° 2	I.	*Idem*	*Idem*	....	....	+	″						Idem	″	
Montbrison	....	C.	*Fontfort*	II.	*Bicarbonatées sodiques gazeuses ferrugineuses*	*Granite*	13	0,8	+	″	″	″	″	″	....	A. M. 12 décembre 1878	″	Source inexploitée.
Montrond	Montrond	P.	*Montrond*	II.	*Bicarbonatées sodiques gazeuses*	*Sources rencontrées à divers étages par suite de sondages effectués à la recherche du terrain houiller sous la formation tertiaire de la plaine du Forez*	27,5	288	+	″	″	″	″	″	....	....	″	Cette source ne l'est exploitée que pour l'embouteillage. Les trois nappes d'eau rencontrées sont respectivement à 153 mètres, 348 mètres et 453 mètres de profondeur.
							Totaux.	1,117,6	....	....	38	05	1	1,513	1,400	....	″	Nota. Le département renferme, en outre, d'autres sources minérales, non autorisées et non utilisées, notamment à Crémeaux, Arthé, Verrière, Sail-en-Donzy et Feurs.
LOIRE (HAUTE-).																		
Prades	Mauton	P.	La Souveraine	II.	Alcalines	Terrain primitif (gneiss)	15	3,3	+	″	2	″	″	″	....	A. M. 29 mars 1875	″	
			Lorjaillier	II.	Idem	Terrain primitif (granite porphyroïde)	15	0,3	+	″						A. M. 10 octobre 1860	″	
Bas	....	P.	Mautour	III.	Ferrugineuses	Terrain primitif (granite)	....	2,4	+	″	1	″	″	″	....	A. M. 11 novembre 1875	″	
Beaulieu	....	P.	Sorville	II.	Alcalines	Terrain primitif (granite sous le lit de la Loire)	....	2,7	+	″	1	″	″	″	....	A. M. 21 mars 1866	″	
Saint-Martin-de-Fugères	Bonnefont	P.	Saint-Martin	III.	Bicarbonatées ferrugineuses	Terrain granitique	13	8,7	+	″	2	″	″	″	....	....	″	Eaux peu fréquentées.
			Les Basières	III.	Idem	Idem	15	2	+	″						....	″	Idem.
Vézézoux	....	P.	La Scay	II.	Alcalines gazeuses	Terrain de gneiss	12	3,5	+	″	1	″	″	″	....	....	″	Idem.
Langeac	....	P.	Brugeirouse	III.	Ferrugineuses	Terrain primitif (granite)	....	....	+	″	1	″	″	″	....	....	″	Idem.
							Totaux.	23,3	....	....	8	″	″	″	....	....	″	

Statistique détaillée des sources minérales exploitées ou autorisées en France et en Algérie, au 1er juillet 1882.

Noms des départements et des communes. 1	Noms des hameaux ou des propriétaires. 2	Désignation des propriétaires. 3	Noms des sources. 4	Nature des eaux. Classe. 5	Nature des eaux. Désignation. 6	Situation géologique des terrains par lesquels les sources arrivent au jour. 7	Température en degrés centigrades. 8	Débit moyen par minute. 9	Usage des eaux. Interne. 10	Usage des eaux. Externe. 11	Nombre des sources exploitées. 11	Nombre des baignoires. 12	Nombre des piscines. 14	Nombre des malades en 1881. Indigents. 15	Nombre des malades en 1881. Payants. 16	Dates des actes administratifs. 17	Étendue du périmètre de protection. 18	Observations. (Colonne 1.) * Communes où résident des médecins inspecteurs. — Col. 3. Sources appartenant au domaine de l'État : E.; aux départements : D.; aux communes : C.; aux particuliers : P. — Col. 17. A. M. : autorisation ministérielle; D. U. : décret d'utilité publique; D. P. : décret fixant le périmètre de protection. — Les sources non exploitées sont indiquées en italiques. 19
								litres.									hect. a. c.	
LOIRE-INFÉRIEURE.																		
La Plaine		E.	Préfailles	III.	Ferrugineuses	Gneiss et schistes talqueux renfermant du mispickel, du fer oxydulé et du fer oligiste	15	5	+	«	1	«	«	«	......	A. M. 12 janvier 1865	«	La source de Préfailles, qui a son point d'émergence recouvert par une quarantaine de centimètres d'eau au moment des grandes marées, appartient à l'État. Son faible débit ne permet pas de l'utiliser pour les bains. La département renferme d'autres sources ferrugineuses, non autorisées et de peu d'importance, notamment à la Bernerie, Pornic et Saint-Michel.
LOIRET.																		
Pithiviers-le-Vieil	L'Abbé Genon	P.	*Fontaine de Segrais*	*III.*	*Ferrugineuses*	*Calcaire de la Beauce*	8	50	+	«	«	«	«	«	......	A. M. 21 janvier 1870	«	Cette source n'est pas exploitée.
LOT.																		
Bio	Bio	P.	Lagarde (2 sources)	IV.	Sulfatées calciques	Terrains supraliasiques	15	2	+	«	2	«	«	«	500	A. M. 17 février 1846	«	Il existe, en outre, dans le département d'autres sources plus ou moins minéralisées, non autorisées et sans clientèle commerciale, notamment dans les communes de Livernon, Limogne et Bouziès.
* Miers	Miers	P.	Miers	IV.	Sulfatées sodiques	Lias supérieur	......	100	+	«	1	«	«	500	—	......	«	
Gramat	Gramat	P.	Gramat	III.	Ferrugineuses bicarbonatées	Idem	......	......	+	«	1	«	«	«	200	......	«	
							Totaux	102	....	....	5	«	«	500	700	......	«	
LOT-ET-GARONNE.																		
Casteljaloux	......	P.	La Plate-Forme	II.	Bicarbonatées sodiques crénatées et ferrugineuses carbonatées	Pour arriver à leur orifice, ces sources traversent une couche tourbeuse reposant sur un sol sableux des Landes et remontent d'un sol de même nature	11,5	50	+	«	2	11	«	«	* 30	A. M. 20 avril 1869	«	* Ce nombre s'applique aux étrangers; mais les eaux de ces sources sont principalement utilisées par les habitants du pays.
			Lavadon	II.			13,5		+	+						A. M. 30 juin 1881	«	
LOZÈRE.																		
* Bagnols	Bagnols-les-Bains	P.	Ancienne	I.	Sulfureuses sodiques	Schistes fortement chargés de quartz	41	113	+	+	4	24	6	810	—	D. U. 28 novembre 1859. D. P. 28 août 1860	2 50 00	
			Nouvelle	I.	Idem	Idem	41	40	+	+						Idem		
			Sulfureuse douce	I.	Idem	Idem	30	4	+	+						Idem		
			Ferrugineuse douce	I.	Sulfureuses sodiques et un peu ferrugineuses	Idem	30	3	+	+						Idem		
Brion	La Chaldette	P.	La Chaldette	II.	Bicarbonatées sodiques et calciques	Granite altéré	35	......	+	+	1	22	«	«	400	......	«	Débit inconnu.
Quézac	Peyre	P.	Quézac	II.	Idem	Calcaire du lias	15	6	+	«	1	«	«	«	......	......	«	
Les Laubies	Le Mazel	P.	Fontaines-Hautes (4 sources)	III.	Ferrugineuses	Granite	14	2	+	«	9	«	«	«	......	......	«	
			Fontaines-Basses (5 sources)	III.	Idem	Idem	14	180	+	«								
Saint-Amans	Le Ranc	P.	Bonne Fontaine	III.	Alcalines, légèrement ferrugineuses	Idem	11	0,3	+	«	1	«	«	«	......		«	
							Totaux	350,3	....	....	16	46	6	810	400	......	2 50 00	
MAINE-ET-LOIRE.																		
Martigné-Briand	Jouannette	C.	Ferrugineuse	III.	Ferrugineuses	Grès schisteux anthracifère	10	3,5	+	+	4	14	«	«	300	......	«	La 4e source est très légèrement sulfureuse. L'établissement de Jouannette est exploité depuis près d'un siècle. Il n'a pas été possible de retrouver la date de l'autorisation ministérielle à la préfecture, ni dans les archives du bureau de l'ingénieur des mines, ni à l'établissement.
			Idem	III.	Idem	Idem	10	2,5	+	+						......	«	
			Idem	III.	Idem	Idem	10	1,5	+	+						......	«	
			Sulfureuse	I.	Sulfureuses ferrugineuses calciques	Idem	15	1,5	+	+						......	«	
Thouarcé	Le Prieuré	P.	Le Bagoulier	III.	Ferrugineuses	Idem	10	2,3	+	+	2	6	«	«	100	A. M. 23 septembre 1872	«	
			Petite source	III.	Idem	Idem	10	0,6	+	+						......	«	
							Totaux	12,1	....	....	6	20	«	«	400	......	«	

Statistique détaillée des sources minérales exploitées ou autorisées en France et en Algérie, au 1er juillet 1882.

NOMS des départements et des communes. 1	NOMS des établissements ou des propriétaires. 2	Désignation du propriétaire. 3	NOMS DES SOURCES. 4	NATURE DES EAUX. Classe. 5	NATURE DES EAUX. Désignation. 6	SITUATION GÉOLOGIQUE DES ORIFICES par lesquels les sources arrivent au jour. 7	Température en degrés centigrades. 8	Débit moyen par minute. 9	USAGE DES EAUX. Intérieur. 10	USAGE DES EAUX. Extérieur. 11	Nombre des sources exploitées. 12	NOMBRE des baignoires. 13	NOMBRE des piscines. 14	NOMBRE DES MALADES en 1881. Déclarés. 15	NOMBRE DES MALADES en 1881. Évalués. 16	DATES DES ACTES ADMINISTRATIFS. 17	ÉTENDUE du périmètre de protection. 18	OBSERVATIONS. (Colonne 1re : Communes où résident des médecins inspecteurs. — Col. 3. Sources appartenant au domaine de l'État : E. ; aux départements : D. ; aux communes : C. ; aux particuliers : P. — Col. 17. A. M. : autorisation ministérielle ; D. U. : décret d'utilité publique ; D. P. : décret fixant le périmètre de protection. — Les sources non exploitées sont indiquées en italiques.) 19
								litres.									hect. a. c.	
MARNE.																		
* Sermaize	Sermaize	C.	Fontaine des Sarrazins.	III.	Calciques, magnésiennes et ferrugineuses	Formation néocomienne	11	24	+	+	1	30	"	523	——	A. M. 9 avril 1860. D. U. 9 octobre 1865.	"	
MARNE (HAUTE-).																		
* Bourbonne	Bourbonne	E.	Sondage n° 1	IV.	Chlorurées sodiques	Argiles bariolées de l'étage supérieur du grès bigarré	58	17,0	+	+	9	95	8	1,656	700	D. U. ; D. P. 2 février 1860.	20 30 00	L'établissement civil contient 89 baignoires et 6 piscines ; il a été fréquenté en 1881 par 1,656 baigneurs. L'établissement militaire comprend 26 baignoires et 2 piscines ; il a été fréquenté par 700 militaires ou assimilés.
			—— n° 8	IV.	Idem	Idem	42	42,8	+	+						Idem		
			—— n° 9	IV.	Idem	Idem	44	16,7	+	+						Idem		
			—— n° 10	IV.	Idem	Idem	66	70,5	+	+						Idem		
			—— n° 11	IV.	Idem	Idem	60	20,0	+	+						Idem		
			—— n° 12	IV.	Idem	Idem	64,5	38,7	+	+						Idem		
			—— n° 13	IV.	Idem	Idem	65,5	80	+	+						Idem		
			Ancienne source militaire n° 2	IV.	Idem	Idem	37	5,5	+	+						Idem		
			Source des bains romains	IV.	Idem	Idem	60	10,4	+	+						Idem		
		P.	Maynard	IV.	Sulfatées calciques et carbonatées magnésiennes	Marnes du Muschelkalk	12,2	4	+	"	1	"	"	"	……	A. M. 8 février 1860.	"	Cette source est incomplètement captée.
Saint-Dizier		C.	Fontaine Marina	III.	Ferrugineuses	Grès du néocomien supérieur	9,5	1,1	+	"	3	"	"	"	……	A. M. 14 mars 1860.	"	Ces sources sont plus ou moins bien captées ; les eaux en sont utilisées en été par les habitants de la ville.
			Source Marina	III.	Sulfatées sodiques ferrugineuses	Idem	10	0,7	+	"		"	"	"	……		"	
			Fontaine des Frouchis	III.	Sulfatées magnésiennes ferrugineuses	Idem	10	4	+	"		"	"	"	……		"	
La Rivière		C.	La Rivière	III.	Sulfatées calciques ferrugineuses	Muschelkalk	11	90	+	"	1	"	"	"	……		"	Les médecins ordonnent quelquefois l'usage de cette eau aux baigneurs de Bourbonne.
Ottancourt		C.	Ottancourt	III.	Sulfatées magnésiennes et calciques ferrugineuses	Grès du néocomien inférieur	11	390	+	"	1	"	"	"	……		"	Source fréquentée, en été, surtout par les habitants de Vassy.
Bettancourt		P.	Pisandre	III.	Sulfatées calciques ferrugineuses	Grès du néocomien supérieur	13	1,2	+	"	1	"	"	"	……		"	Source visitée par les habitants des environs, servant comme but de promenade.
Louvemont		P.	Maruesse	III.	Idem	Idem	11	1	+	"	1	"	"	"	……		"	Source peu fréquentée aujourd'hui.
Essey-les-Eaux		C.	Fontaine Ste-Barbe	III.	Ferrugineuses	Minerai oolithique du lias supérieur	11	10	+	"	1	"	"	"	……		"	Idem.
							Totaux.	804,2			18	95	8	1,656	700		20 30 00	
MAYENNE.																		
Château-Gontier		P.	Pougues rouillée	III.	Ferrugineuses	Fissures dans le schiste silurien	12	1,2	+	"	1	"	"	"	……	A. M. 5 août 1860.	"	La source est située dans un établissement de bains ordinaires. On en employait autrefois l'eau pour bains après mélange avec de l'eau ordinaire ; mais à présent elle ne sert plus guère qu'à la boisson. Le département renferme d'autres sources ferrugineuses, peu employées et non autorisées, notamment à Bourgneuf-la-Forêt, Niort, Grassay, etc.
NIÈVRE.																		
* Saint-Honoré	Saint-Honoré	P.	La Crevasse	I.	Sulfurées sodiques	Limite des porphyres rouges quartzifères et des calcaires liasiques métamorphiques	29	60	+	+	2	36	"	1,167	——	D. U. 28 avril 1860.	"	
			Les Romains	I.	Idem		29		+	+						Idem		
* Pougues	Pougues	P.	Saint-Léger	IV.	Bicarbonatées calciques ferrugineuses	Terrain jurassique	12	4,9	+	+	3	25	"	1,530	——	Lettres patentes de 1670. D. U. 4 août 1860.	"	
			Le Pré-des-Dames	IV.	Bicarbonatées calciques	Idem	14	3	+	"						A. M. 5 août 1857.	"	
			Le Docteur ou St-Maurice	IV.	Idem	Idem	14	7	+	"						A. M. 19 avril 1879.	"	
Fourchambault		P.	Mimat	IV.	Bicarbonatées calciques gazeuses	Idem	11	2,8	+	"	2	"	"	"	……	A. M. 2 décembre 1866.	"	
			Montupot	IV.	Idem	Idem	11	2,5	+	"						A. M. 14 septembre 1872.	"	
							Totaux.	80,2			7	55	"	2,697	……		"	

Statistique détaillée des sources minérales exploitées ou autorisées en France et en Algérie, au 1er juillet 1882.

NOMS des départements et des communes	NOMS des établissements ou des propriétaires	Désignation du propriétaire	NOMS des sources	NATURE DES EAUX. Classes	NATURE DES EAUX. Désignation	SITUATION GÉOLOGIQUE des griffons par lesquels les sources arrivent au jour	TEMPÉRATURE en degrés centigrades	DÉBIT moyen par minute	USAGE DES EAUX. Interne	USAGE DES EAUX. Externe	NOMBRE des sources exploitées	NOMBRE des baignoires	NOMBRE des piscines	NOMBRE DES MALADES en 1881. Déclaré	NOMBRE DES MALADES en 1881. Évalué	DATES des actes administratifs	ÉTENDUE du périmètre de protection	OBSERVATIONS (Colonne 1 : * Communes où résident des médecins-inspecteurs. — Col. 3. Sources appartenant au domaine de l'État : E. ; aux départements : D. ; aux communes : C. ; aux particuliers : P. — Col. 17. A. M. : autorisation ministérielle ; D. U. : décret d'utilité publique ; D. P. : décret fixant le périmètre de protection. — Les sources non exploitées sont indiquées en italique.)
1	2	3	4	5	6	7	8	9	10	11	12	13	14	15	16	17	18	19
								litres.									hect. a. c.	
NORD.																		
			L'Évêque d'Arras	I.	Sulfureuses (sulfatées calcaires)	Sable du terrain éocène inférieur	23	33	+	»						....	»	
			Le Pavillon Ruiné	I.	Idem	Idem	23	33	»	+						....	»	
* Saint-Amand	Saint-Amand	D.	La Vieille Chapelle	I.	Idem	Idem	23	100	»	+	5	84	»	120	—	....	»	
			La Fontaine Bouillon	IV.	Salines	Idem	23	233	»	+						....	»	
			Les Boues	I.	Boues sulfureuses	Idem	24	......	»	+						....	»	
							Totaux.	399	....	....	5	84	»	120	....	....	»	
OISE.																		
* Pierrefonds	Pierrefonds	P.	Eusma	I.	Sulfurées calciques ferrugineuses	Alluvions	10	......	+	+	1	24	»	350	—	A. M. 5 septembre 1846	»	Débit inconnu, pas d'expériences à ce sujet.
			Laposteile	III.	Ferrugineuses crénatées	Idem	9		+	»						A. M. 30 septembre 1854	»	
Fontaine-Bonneleau	La Commune	C.	Vallet	III.	Idem	Idem	9	300	+	»	3	»	»	»	....	Idem	»	
			Lavernot	III.	Idem	Idem	9		+	»						Idem	»	
							Totaux.	300	»	»	4	24	»	350	....	....	»	
ORNE.																		
			Source chaude	I.	Sulfurées sodiques et silicatées	Cassures profondes dans le grès silurien à fucoïdes	20	270	+	+						....	»	
*Couterne	Bagnoles-de-l'Orne	P.									2	38	1	»	900			
			Source froide	III.	Ferrugineuses	Idem	13	......	+	»						....	»	Le débit de cette source est très faible.
							Totaux.	270	»	»	2	38	»	»	900	....	»	
PAS-DE-CALAIS.																		
Meurchin	Compagnie des mines de houille de Meurchin	P.	*Non dénommée*	*I.*	*Sulfureuses*	*Terrain houiller*	*42*	*1,100*	+	»	»	»	»	»	....	A. M. 23 mars 1879	»	La source jaillit à [illegible] mètres de profondeur, au fond du puits d'extraction n° 2. À sa sortie, l'eau, refroidie par le sondage, n'a plus qu'une température de 13 degrés.
Givenchy-lès-la-Bassée	....	P.	*Battel*	*III.*	*Ferrugineuses*	*Idem*	*12*	......	+	»	»	»	»	»	....	....	»	Les eaux n'arrivent plus à la surface du sol ; dans l'origine elles jaillissaient à quelques mètres de hauteur. Demande d'autorisation en instance.
PUY-DE-DÔME.																		
			Sources de Fenestre 1 et 2	II.	Alcalines chloro-arsenicales	Terrain primitif (granite et tuf)	21		+	+						A. M. 19 juin 1876. D. U. ; D. P. 30 mars 188[illegible].		
		P.	Puits Central	II.	Idem	Idem	40		+	+						A. M. 1er sept 188[illegible]. D. U. ; D. P. 30 mars 188[illegible].		
* La Bourboule	La Bourboule		Puits Choussy	II.	Idem	Idem	54	550	+	+	7	158	»	5,000	—	A. M. 6 avril 188[illegible]. D. U. ; D. P. 30 mars 188[illegible].	17 52 00	
			Puits Perrière	II.	Idem	Idem	60		+	+						A. M. 19 juin 1878. D. U. ; D. P. 30 mars 188[illegible].		
		C.	Puits Sédaiges	II.	Idem	Idem	50		+	+						Idem		
			Puits de la Plage	II.	Idem	Idem	37		+	+						Idem		
* Royat	Royat	C.	Eugénie	II.	Chlorobicarbonatées fortes	Terrain tertiaire (arkose)	35	980	+	+	2	85	1	5,850	—	A. M. 23 décembre 18[illegible]. D. U. 6 décembre 18[illegible]. D. P. 18 février 188[illegible].	23 33 00	
		P.	César	II.	Idem	Idem	38	95	+	+						A. M. 21 décembre 18[illegible].	»	

Statistique détaillée des sources minérales exploitées ou autorisées en France et en Algérie, au 1er juillet 1882.

NOMS des départements et des communes. 1	NOMS des établissements ou des propriétaires. 2	Désignation du propriétaire. 3	NOMS des sources. 4	NATURE DES EAUX. Classe. 5	NATURE DES EAUX. Désignation. 6	SITUATION GÉOLOGIQUE des terrains par lesquels les sources arrivent au jour. 7	TEMPÉRATURE en degrés centigrades. 8	DÉBIT moyen par minute. 9	USAGE DES EAUX. Interne. 10	USAGE DES EAUX. Externe. 11	NOMBRE des sources exploitées. 12	NOMBRE des baignoires. 13	NOMBRE des douches. 14	NOMBRE DES MALADES en 1881. Déclaré. 15	NOMBRE DES MALADES en 1881. Évalué. 16	DATES des actes administratifs. 17	ÉTENDUE du périmètre de protection. 18	OBSERVATIONS. (Colonne 1. * : Communes où résident des médecins inspecteurs. — Col. 3. Sources appartenant au domaine de l'État : E. ; aux départements : D. ; aux communes : C. ; aux particuliers : P. — Col. 17. A. M. : autorisation ministérielle ; D. U. : décret d'utilité publique ; D. P. : décret fixant le périmètre de protection. — Les sources non exploitées sont indiquées en italique.) 19
								litres.									hect. a. c.	
* Mont-Dore	Mont-Dore	D.	Bertrand	II.	Arsenicales simples	Dykes basaltiques	45	100	″	+						D. U. 8 décembre 1860. D. P. 22 août 1874.		
			Boyer	II.	*Idem*	*Idem*	43	20	″	+						*Idem*		
			Pigeon	II.	*Idem*	*Idem*	38	45	″	+						*Idem*		
			Le Pavillon ou Saint-Jean	II.	*Idem*	*Idem*	44	38	″	+	8	50	2	4,040	—	*Idem*	32 00 00	L'établissement renferme, en outre, huit salles d'aspiration, deux salles de pulvérisation et vingt-quatre cabinets de douches.
			César	II.	*Idem*	*Idem*	43	84	″	+						*Idem*		
			Raymond	II.	*Idem*	*Idem*	42,4	13	″	+						*Idem*		
			Rigny	II.	*Idem*	*Idem*	43,2	12	″	+						*Idem*		
			Sainte-Marguerite	II.	*Idem*	*Idem*	10,5	20	″	+						*Idem*		
* Châteauneuf	Société Viple	C.	Chambon-la-Garenne	II.	Chloro-bicarbonatées moyennes	Contact des roches granitiques avec des roches porphyriques	18,5	......	+	″						A. M. 23 août 1860	″	Le débit de cette source est très faible.
		P.	Desaix	II.	*Idem*	*Idem*	16	2	+	″						......	″	
			Les Grands-Rochers	II.	*Idem*	*Idem*	19	30	+	″						......	″	
			Marguerite	II.	*Idem*	*Idem*	19	30	+	″						......	″	
			Pyramide	II.	*Idem*	*Idem*	25	1	+	″						......	″	
			Les Grands Bains chauds	II.	*Idem*	*Idem*	33	3	+	″						......	″	
			Saint-Cyr	II.	*Idem*	*Idem*	11	4	+	″						......	″	
			Méritis	II.	*Idem*	*Idem*	18	......	+	″						......	″	
			Fontaine du Petit-Moulin	II.	*Idem*	*Idem*	10,7	2	+	″						......	″	
			De Champfleurey	II.	*Idem*	*Idem*	16	2	+	″						A. M. 6 juin 1857	″	
			Salneuve	II.	*Idem*	*Idem*	16	1,5	+	″	22	6	11	800	—	......	″	
			Chevarier	II.	*Idem*	*Idem*	25,4	10	+	″						......	″	L'établissement possède, en outre, quatorze appareils à douches.
			Fontaine du Petit-Rocher	II.	*Idem*	*Idem*	21,5	0	+	″						......	″	
			Morny	II.	*Idem*	*Idem*	17,5	30	+	″						......	″	
			Bain chaud	II.	*Idem*	*Idem*	30,6	160	″	+						......	″	
			—— Auguste	II.	*Idem*	*Idem*	32	2	″	+						......	″	
			—— Julie	II.	*Idem*	*Idem*	32	30	″	+						......	″	
			—— tempéré	II.	*Idem*	*Idem*	35	100	″	+						......	″	
			—— de la Chapelle	II.	*Idem*	*Idem*	36	100	″	+						......	″	
			—— du Petit-Rocher	II.	*Idem*	*Idem*	28,2	80	″	+						......	″	
			Marie-Louise	II.	*Idem*	*Idem*	34,4	90	″	+						......	″	
			La Rotonde	II.	*Idem*	*Idem*	29	90	″	+						......	″	
Ardes	[illegible]	P.	Chabetout	III.	Ferrugineuses et bicarbonatées	Terrain primitif (granite)	14	44	+	+	1	12	″	″	......	A. M. 23 mars 1857	″	
Beauregard-Vendon	Bonnet	P.	Grand Puits	II.	Chloro-bicarbonatées moyennes	Terrain tertiaire (arkose)	30	208	+	+	2	10	2	″	......	A. M. 6 juillet 1846	″	
			Les Vignes	II.	*Idem*	*Idem*	16	3.4	+	+						A. M. 20 mars 188?	″	
Châteldon	La Montagne	P.	Andral 1er puits	IV.	Salines bicarbonatées calciques	Terrain primitif (granite)	10		+	″						A. M. 16 juin 1859	″	
			Andral 2e puits	IV.	*Idem*	*Idem*	10	1.1	+	″	3	″	″	″	......	*Idem*	″	
			Le Mont-Carmel	IV.	*Idem*	*Idem*	10		+	″						*Idem*	″	
Courpière	Ligue	P.	Sail	II.	Bicarbonatées sodiques	*Idem*	13,8	10,3	+	″	1	″	″	″	......	A. M. 20 avril 1861	″	
Saint-Ours	Comte de Pongibaud	P.	Châteaufort	II.	Chloro-bicarbonatées moyennes	Terrain primitif (gneiss)	10	2	+	″	1	″	″	″	......	A. M. 31 août 1863	″	
* Saint-Nectaire	Saint-Nectaire	P.	Le Mont-Cornadore	II.	Chloro-bicarbonatées fortes	Terrain primitif (granite)	41	50	″	+						A. M. 2 décembre 1848	″	
			Source intermittente	II.	*Idem*	*Idem*	20	3	+	″	4	3	″	″	1,280	A. M. 25 juin 1877	″	
			Petite source rouge	II.	*Idem*	*Idem*	18	6	+	″						*Idem*	″	
			Le Parc	II.	*Idem*	*Idem*	19	5	+	″						*Idem*	″	

Statistique détaillée des sources minérales exploitées ou autorisées en France et en Algérie, au 1er juillet 1882.

NOMS des départements et des communes. 1	NOMS des établissements ou des propriétaires. 2	DÉSIGNATION du propriétaire. 3	NOMS DES SOURCES. 4	NATURE DES EAUX. Classe. 5	NATURE DES EAUX. Désignation. 6	SITUATION GÉOLOGIQUE des orifices par lesquels les sources arrivent au jour. 7	TEMPÉRATURE en degrés centigrades. 8	DÉBIT moyen par minute. 9	USAGE DES EAUX. Interne. 10	USAGE DES EAUX. Externe. 11	NOMBRE des établissements ou buvettes. 12	NOMBRE des baignoires. 13	NOMBRE des piscines. 14	NOMBRE DES MALADES EN 1881. Déclarés. 15	NOMBRE DES MALADES EN 1881. Évalués. 16	DATES DES ACTES ADMINISTRATIFS. 17	ÉTENDUE du périmètre de protection. 18	OBSERVATIONS. (Colonne 1re : Communes où résident des médecins inspecteurs. — Col. 3. Sources appartenant au domaine de l'État : E.; aux départements : D.; aux communes : C.; aux Particuliers : P. Col. 17. A. M. : autorisation ministérielle; D. U. : décret d'utilité publique; D. P. : décret fixant le périmètre de protection. — Les sources non exploitées sont indiquées en italiques.) 19
								litres.									hect. a. c.	
Chamalières	Compagnie des eaux de Royat	P.	Saint-Mart	II.	Chloro-bicarbonatées fortes	Terrain tertiaire (calcaire marneux)	31	52	+	″	2	″	″	″	......	A. M. 25 juin 1875	″	
			Saint-Victor	II.	*Idem*	*Idem*	23	13	+	″						*Idem*	″	
	Arnaud	P.	Les Roches de Beaurepaire	II.	*Idem*	*Idem*	10,5	50	+	″	1	″	″	″	......	A. M. 31 août 1855	″	
	Fonteix	P.	Fonteix	II.	*Idem*	*Idem*	17,8	6,6	+	″	1	″	″	″	......	A. M. 8 septembre 1880	″	
	......	P.	Marie-Louise	II.	*Idem*	Sables et graviers d'alluvion	17	22,8	+	″	2	″	″	″	......	A. M. 21 juin 1882	″	
			Le Moulin-Poisson	II.	Bitumineuses et gazeuses	Arkose	13	17,3	+	″						......	″	Une demande d'autorisation est en instance.
* Châtelguyon	Société des eaux minérales de Châtelguyon	P.	Duval	II.	Chloro-bicarbonatées magnésiennes et sodiques	Granite	34,5	48	+	+	14	40	4	1,100	——	......	″	Des autorisations sont demandées pour l'exploitation des sources de Châtelguyon.
			Duclaux	II.	*Idem*	*Idem*	37	275	+	+						......	″	
			Le Gouffre	II.	*Idem*	*Idem*	34,5	10,8	+	+						......	″	
			Sardon	II.	*Idem*	*Idem*	35	9,5	+	+						......	″	
			Rallin	II.	*Idem*	*Idem*	31	5,4	+	+						......	″	
			Auduy	II.	*Idem*	*Idem*	24	4,8	+	+						......	″	
			Gubler	II.	*Idem*	*Idem*	32	120,5	+	+						......	″	
			Baraduc	II.	*Idem*	*Idem*	31	11,4	+	+						......	″	
			Le Réservoir	II.	*Idem*	*Idem*	21	4	+	+						......	″	
			Sopinet	II.	*Idem*	*Idem*	24	4,5	+	+						......	″	
			Le Gargouilloux	II.	*Idem*	*Idem*	17	5,2	+	+						......	″	
			Lefort	II.	*Idem*	*Idem*	23	5,5	+	+						......	″	
			Chevallier	II.	*Idem*	*Idem*	25	5	+	+						......	″	
			Brosson	II.	*Idem*	*Idem*	20	4,3	+	+						......	″	
	Grande Compagnie des eaux thermales de Châtelguyon	P.	Henri ou Grande-Source	II.	*Idem*	*Idem*	31,5	50,3	+	+	3					......	″	
			Romaine	II.	*Idem*	*Idem*	24	7,8	+	+						......	″	
			Henriette et Marguerite	II.	*Idem*	*Idem*	31,5	53	+	+						......	″	
Clermont-Ferrand	......	P.	Loiselot	III.	Ferrugineuses	Travertin tertiaire	8,7	0,9	+	″	1	″	″	″	......	......	″	Une autorisation est demandée pour l'exploitation de cette source.
	......	P.	Les Salins	II.	Chloro-bicarbonatées	Terrain tertiaire	20	150	+	″	1	″	″	″	......	......	″	*Idem.*
	......	P.	Les Roches	III.	Ferrugineuses	*Idem*	......	3,9	+	″	1	″	″	″	......	......	″	
	......	P.	Saint-Alyre	III.	Calcaires et ferrugineuses	*Idem*	......	......	+	+	1	30	″	″	......	......	″	
Bromont-Lamothe	Comte de Pontgibaud	P.	De Javelle	II.	Chloro-bicarbonatées légères	Terrain primitif (gneiss)	12	60	+	″	1	″	″	″	......	A. M. 31 août 1863	″	
Grandeif	......	P.	De Grandif	II.	Carboniques	*Idem*	10	2	+	″	1	″	″	″	......	A. M. 18 février 1884	″	
St-Priest-des-Champs	......	P.	Le Pont-de-Sauvanet	III.	Ferrugineuses bicarbonatées	Terrain primitif (granite)	8	1	+	″	1	″	″	″	......	A. M. 11 mars 1865	″	
Saint-Diéry	Sudre	P.	Boulaigue	II.	Bicarbonatées moyennes	Terrain éruptif (basalte)	14	4	+	″	1	″	″	″	......	A. M. 18 avril 1872	″	
Coudes	......	P.	Le Saur	II.	Chloro-bicarbonatées moyennes	Terrain primitif (granite)	13	14	+	″	1	″	″	″	......	A. M. 1er mars 1860	″	
Sauxillanges	Sandy	P.	La Réveille	II.	Carbonatées sodiques	Terrain primitif (gneiss)	12	16	+	″	1	″	″	″	......	A. M. 16 juillet 1861	″	Une demande d'autorisation est en instance pour l'une des sources.
Saint-Floret	Pont-Saxade	P.	Non dénommées (2 sources)	III.	Ferrugineuses et bicarbonatées	Terrain primitif (granite)	14	3,3	+	″	2	″	″	″	......	......	″	
Saint-Maurice	Sainte-Marguerite au Vic-le-Comte	P.	Non dénommées (3 sources)	II.	Chloro-bicarbonatées fortes	*Idem*	32	......	+	+	6	″	1			......	″	
			Non dénommées (3 sources)	II.	*Idem*	*Idem*	11	......	+	″						......	″	
Prompsat	......	P.	Chanteloue	II.	Chloro-bicarbonatées moyennes	*Idem*	15	4	+	″	1	″	″	″	......	......	″	Une autorisation est demandée pour l'exploitation de cette source.
Grandeyrol	......	P.	Le Mont-Bognon	III.	Ferrugineuses	*Idem*	12	10,5	+	″	1	″	″	″	......	......	″	*Idem.*
Médague	......	P.	*Non dénommées (5 sources principales)*	*II.*	*Chloro-bicarbonatées fortes*	*Alluvions de l'Allier*	......	*160*	+	″	″	″	″	″	......	......	″	Trois sources principales jaillissent du lit d'inondation de l'Allier.
							Totaux	3,773,6	″	″	61	698	91	17 130	1 980		78 30 90	NOTA. Le département renferme un certain nombre d'autres sources minérales, non autorisées, qui paraissent sans importance, telles que celles de ..., de Pernant, d'Aslant, etc.

Statistique détaillée des sources minérales exploitées ou autorisées en France et en Algérie, au 1er juillet 1882.

NOMS des départements et des communes. 1	NOMS des établissements ou des propriétaires. 2	Désignation du propriétaire. 3	NOMS des sources. 4	NATURE DES EAUX. Classe. 5	NATURE DES EAUX. Désignation. 6	SITUATION GÉOLOGIQUE des orifices par lesquels les sources arrivent au jour. 7	TEMPÉRATURE en degrés centigrades. 8	DÉBIT moyen par minute. 9	USAGE DES EAUX. Interne. 10	USAGE DES EAUX. Externe. 11	NOMBRE des sources exploitées. 12	NOMBRE des baignoires. 13	NOMBRE des piscines. 14	NOMBRE DES MALADES en 1881. Déclaré. 15	NOMBRE DES MALADES en 1881. Évalué. 16	DATES des actes administratifs. 17	ÉTENDUE du périmètre de protection. 18	OBSERVATIONS. (Colonne 1. * : Commune où réside un des médecins inspecteurs. — Col. 3. Sources appartenant au domaine de l'État : E. ; aux départements : D. ; aux communes : C. ; aux particuliers : P. — Col. 17. A. M. : autorisation ministérielle ; D. U. : décret d'utilité publique ; D. P. : décret fixant le périmètre de protection. — Les sources non exploitées sont indiquées en italiques.) 19
								Litres.									hect. a. c.	
PYRÉNÉES (Basses).																		
* Salies-en-Béarn...	Salies-en-Béarn.....	P.	Fontaine salée ou Bayard..........	IV.	Chlorurées sodiques.......	Terrain salifère....................	15	31,2	"	+	2	40	"	1,201	—	A. M. 29 avril 1857.........	"	La fontaine de Salies a été l'objet d'une [illegible] d'eau salée, en date du 19 juin 1843.
			Carbalade.........	IV.	Salines bicarbonatées chlorurées...............	Terrain crétacé supérieur...........	14	55,5	+	+						A. M. 30 avril 1878.........	"	
* Eaux-Bonnes.....	Eaux-Bonnes.......	C.	Source vieille.......	I.	Sulfureuses sodiques.......	Terrain de transition, dévonien (roches calcaires).........................	32,7	6,0	+	+						A. M. 1er septembre 1850....	"	
			Source neuve.......	I.	*Idem*..................	*Idem*..................	29,5	3,7	"	+						*Idem*..................	"	
			Orteig............	I.	*Idem*..................	*Idem*..................	21,5	14	+	+						*Idem*..................	"	
			Source d'en bas.....	I.	*Idem*..................	*Idem*..................	30	5,5	"	+						*Idem*..................	"	
			—— faible.........	I.	*Idem*..................	*Idem*..................	12,8	5	+	+	9	20	"	2,063	—	*Idem*..................	"	
			—— supérieure.....	I.	*Idem*..................	*Idem*..................	28,2	1	"	+						*Idem*..................	"	
			—— inférieure.....	I.	*Idem*..................	*Idem*..................	30,5	11	"	+						*Idem*..................	"	
			—— du Promenoir.	I.	*Idem*..................	*Idem*..................	28	0,1	"	+						*Idem*..................	"	
			—— de 1867 (Rocher)............	I.	*Idem*..................	*Idem*..................	12	1,5	"	+						18 septembre 1867.........	"	
Labets-Biscaye......	....	P.	Sulfureuse.........	I.	Sulfureuses...............	Terrain crétacé moyen..............	10	0,4	+	+	2	8	"	"	200	A. M. 21 juin 1860.........	"	
			Ferrugineuse.......	III.	Ferrugineuses.............	*Idem*..................	....	0,1	+	"						*Idem*..................	"	
Ogen-les-Bains......	Ogen..............	P.	Non dénommée.....	IV.	Salines bicarbonatées chlorurées calciques..........	*Idem*. (Rocher marneux noir).........	22	17,3	+	+	1	8	"	"	250	A. M. 9 décembre 1880.......	"	
Lescun............	....	C.	Labéroust..........	IV.	Gazeuses arsenicales.......	Terrain de transition (calcaire fétide)....	8,5	20	+	+	1	6	"	"	150	A. M. 21 juin 1860.........	"	Établissement peu important situé à une grande altitude.
Saint-Boès.........	....	P.	Saint-Boès.........	I.	Sulfureuses...............	Terrain crétacé moyen..............	12	1	+	"	1	"	"	"	"	A. M. 26 avril 1872.........	"	Eau d'exportation.
* Laruns..........	Eaux-Chaudes......	C.	Le Clot...........	I.	Sulfureuses sodiques.......	Granite syénitique..................	36,2	16,0	+	+						....	"	
			L'Esquirette chaude..	I.	*Idem*..................	*Idem*..................	36	20,2	+	+						....	"	
			L'Esquirette tempérée.	I.	*Idem*..................	*Idem*..................	32	11,7	"	+						....	"	
			Le Rey...........	I.	*Idem*..................	*Idem*..................	34	43	+	+	8	33	1	1,067	—	....	"	Une demande en autorisation est en instance.
			Le Fermier........	I.	*Idem*..................	*Idem*..................	32	3,4	"	+						....	"	
			Baudot...........	I.	*Idem*..................	*Idem*..................	25,5	2	+	+						....	"	
			Larressec.........	I.	*Idem*..................	*Idem*..................	24,3	10	+	"						....	"	
			Minvielle.........	I.	*Idem*..................	*Idem*..................	10,6	1,9	+	"						....	"	
* Lurbe..........	Saint-Christau......	P.	Le Pêchour........	I.	Sulfureuses ferro-cuivreuses..	Terrain crétacé....................	13,5	0,4	+	"						....	"	
			Les Arcous........	I.	*Idem*..................	*Idem*..................	13,5	800	+	+						....	"	
			Le Chemin de la Chapelle..........	I.	*Idem*..................	*Idem*..................	13,5	......	+	+	5	28	"	260	—	....	"	Une demande en autorisation est en instance.
			La Rotonde ou Basin.	I.	*Idem*..................	*Idem*..................	14	280	+	+						....	"	
			La Rotonde froide...	I.	*Idem*..................	*Idem*..................	13,5	200	+	+						....	"	
* Cambo..........	Cambo.............	C.	Sulfureuse.........	I.	Sulfureuses calciques......	Terrain de transition au voisinage de gneiss.........................	21	29,3	+	+	2	13	1	1,563	—	....	"	
			Ferrugineuse.......	III.	Ferrugineuses.............	*Idem*..................	15,5	......	+	"						....	"	La température de cette source est variable.
							Totaux.	1,587.4	....	....	31	156	2	7,214	600	....	"	
PYRÉNÉES (Hautes).																		
* Cauterets.......	Cauterets..........	P.	Le Rocher.........	I.	Sulfurées sodiques........	Terrain de transition. Calcaires calschistes	30	76,4	+	+						A. M. 9 mai 1860......... D. U. 22 décembre 1866.....	4 11 54	La source César se répartit entre la vallée de Saint-Savin et un particulier.
		C. et P.	César............	I.	*Idem*..................	*Idem*..................	47,8	132,8	+	+						D. U. 31 mars 1859........ D. P. 26 août 1861........		
		C.	Les Espagnols.....	I.	*Idem*..................	*Idem*..................	46,2	59,7	+	+						*Idem*..................		
			Pause-Vieux.......	I.	*Idem*..................	*Idem*..................	41,2	33,3	+	+						*Idem*..................		
			Mahourat..........	I.	Sulfurées silicatées sodiques..	Roche granitique..................	49,5	28,3	+	"						*Idem*..................		

Statistique détaillée des sources minérales exploitées ou autorisées en France et en Algérie, au 1er juillet 1882.

NOMS des départements et des communes. 1	NOMS des établissements ou des propriétaires. 2	Désignation du propriétaire. 3	NOMS DES SOURCES. 4	NATURE DES EAUX. Classe. 5	NATURE DES EAUX. Dénomination. 6	SITUATION GÉOLOGIQUE DES SOURCES par lesquels les sources arrivent au jour. 7	TEMPÉRATURE en degrés centigrades. 8	DÉBIT brut par minute. 9	USAGE DES EAUX. En boisson. 10	USAGE DES EAUX. En bains. 11	NOMBRE des sources captées. 12	NOMBRE des cabinets. 13	NOMBRE des piscines. 14	NOMBRE DES MALADES EN 1881. Déclaré. 15	NOMBRE DES MALADES EN 1881. Évalué. 16	DATES DES ACTES ADMINISTRATIFS. 17	ÉTENDUE du périmètre de protection. 18	OBSERVATIONS (Colonne 1re : Communes où résident des médecins inspecteurs. — Col. 3. Sources appartenant au domaine de l'État : E. ; aux départements : D. ; aux communes : C. ; aux particuliers : P. — Col. 17. A. M. : autorisation ministérielle ; D. C. : décret d'utilité publique ; D. P. : décret fixant le périmètre de protection. — Les sources non exploitées sont indiquées en italiques.) 19
								litres.									hect. a. c.	
* CAUTERETS (Suite.)	Cauterets (Suite.)	C.	La Raillère	I.	Sulfureuses silicatées sodiques chlorurées	Schistes de transition	39	80	+	+	10	144	4	15,371	—	D. C. 28 août 1862	″	
			Le Bois	I.	Idem	Idem	43	21	″	+						Idem	″	
			Les Œufs	I.	Sulfurées sodiques	Idem	52	390	+	+						Idem	″	
			Le Pré	I.	Idem	Idem	45	56	″	+						Idem	″	
			Le Petit-St-Sauveur	I.	Idem	Idem	31	82	″	+						Idem	″	
	Le Grand Pré	P.	Non dénommées (3 sources)	IV.	Sulfatées	Alluvions, au voisinage des ophites	37.1		+	+	3	5	″			A. M. 14 mai 1880	″	
				IV.	Crétacées	Idem	29.1	20,5	+	+						Idem	″	
				III.	Ferrugineuses	Idem	15		+	+						Idem	″	
	Branhauban	P.	Branhauban	III.	Idem	Idem	15	8	+	″	1	″	″			A. M. 2 septembre 1880	″	
* BAGNÈRES-DE-BIGORRE	Marie-Thérèse	C.	Salies	III.	Ferrugineuses arsenicales	Idem	50.8	133	+	+	10	37	1				″	
			Dauphin	III.	Idem	Idem	48.2	120	+	+							″	
			Saint-Roch	IV.	Sulfatées calciques	Idem	46.1	0,5	″	+							″	
			Saint-Barthélemy	IV.	Idem	Idem	48.2	13	″	+							″	
			Foulon	IV.	Idem	Idem	36.8	18	″	+							″	
			Lasserre	IV.	Idem	Idem	34.6	2	+	″							″	
			Les Platanes	IV.	Idem	Idem	39.8	9,3	″	+							″	
			Marie-Thérèse	IV.	Idem	Idem	33.2	8,3	+	+							″	
			La Tour	IV.	Idem	Idem	41	486,1	+	+							″	Bagnères-de-Bigorre possédait en outre six sources, dites Dagnaux, Santé, Carrère-Lannes, Petit-Prieur, Lassère et Pinac, taries à la suite des travaux de captage de la source Nouvelle, dite de la Tour.
		C. et P.	La Reine	IV.	Idem	Idem	46.1	259	+	+				16,607	—		″	
	Lavigne	P.	Lavigne	III.	Crénatées ferrugineuses	Idem	15	......	+	″	1	″	″				″	
	Salut	P.	La Montagne	IV.	Sulfatées calciques	Idem	33,5	100	″	+	3	7	″				″	
			L'Intérieur	IV.	Idem	Idem	32.8	125	+	+							″	
			La Pompe	IV.	Idem	Idem	31	54	″	+							″	
	Fontaine-Nouvelle	C.	Fontaine-Nouvelle	IV.	Idem	Idem	37.4	1,5	″	+	1	.....	″				″	
	Versailles	P.	Source chaude	IV.	Idem	Idem	35	12	″	+	2	4	″				″	
			Source tempérée	IV.	Idem	Idem	22.8	7,6	″	+							″	
	Bellevue	P.	Bellevue	IV.	Idem	Idem	46.1	97,2	+	+	1	9	″				″	
	Cazaux	P.	Non dénommée	IV.	Idem	Idem	50	4,6	″	+	2	8	″				″	
			Non dénommée	IV.	Idem	Idem	46	15,2	″	+							″	
	Théas	P.	Théas	IV.	Idem	Idem	50.8	33,3	″	+	1	5	″				″	
	Mora	P.	Mora	IV.	Idem	Idem	18	0,6	+	+	1	3	″				″	
* CAPVERN	Capvern	C.	Hount-Caout	IV.	Idem	Calcaire noir bleuâtre, fétide au choc, du crétacé inférieur	24,2	1,210	+	+	2	54	″	2,582	—		″	
			Bouridé	IV.	Idem	Conglomérat superposé aux terrains aptien et albien	22,2	490	+	+							″	
* BARÈGES	Barèges	C.	La Chapelle ou Genty	I.	Sulfureuses sodiques	Calcaires de transition	33	3,6	+	+	10	33	4	3,604	—	A. M. 28 mars 1867	″	
			Dassieu	I.	Idem	Idem	35	8,1	+	+						Idem	″	
			Le Tambour	I.	Idem	Contact du terrain de Tap avec le terrain de transition	43	31	+	+							″	On désigne sous le nom de terrain de Tap une sorte de boue glaiseuse durcie par le passage de l'eau minérale.
			Polard	I.	Idem	Idem	37	22	+	+							″	
			Le Bain-Neuf	I.	Idem	Idem	38	5,5	+	+							″	
			Lonvois	I.	Idem	Idem	26	5,5	+	+							″	
			Ramond	I.	Idem	Idem	24	3,5	+	+							″	
			Saint-Roch	I.	Idem	Idem	33	3,3	+	+							″	
			Entrée	I.	Idem	Idem	41	13	+	+							″	
			Nouvelle	I.	Idem	Idem	30	19	+	+							″	
* LUZ-SAINT-SAUVEUR	Saint-Sauveur	P.	Hontalade	I.	Sulfureuses	Schistes et calcschistes de transition	22	12,7	+	+	2	35	1	827	—	A. M. 8 mars 1869	″	
		C.	Saint-Sauveur	I.	Idem	Idem	34	101	+	+							″	

Statistique détaillée des sources minérales exploitées ou autorisées en France et en Algérie, au 1er juillet 1882.

NOMS des départements et des communes. 1	NOMS des établissements et des propriétaires. 2	Désignation du propriétaire. 3	NOMS des sources. 4	NATURE DES EAUX. Classe. 5	NATURE DES EAUX. Désignation. 6	SITUATION GÉOLOGIQUE des terrains par lesquels les sources arrivent au jour. 7	TEMPÉRATURE en degrés centigrades. 8	DÉBIT moyen par minute. 9	USAGE DES EAUX. En boisson. 10	USAGE DES EAUX. En bains. 11	NOMBRE des sources exploitées. 12	NOMBRE des baignoires. 13	NOMBRE des piscines. 14	NOMBRE DES MALADES en 1881. Totalisé. 15	NOMBRE DES MALADES en 1881. Évalué. 16	DATES des actes administratifs. 17	ÉTENDUE du périmètre de protection. 18	OBSERVATIONS. (Colonne 1re : Communes où résident des établissements. — Col. 3. Sources appartenant au domaine de l'État : E.; aux départements : D.; aux communes : C.; aux particuliers : P. — Col. 17. A. M. : autorisation ministérielle; D. U. : décret d'utilité publique; D. P. : décret fixant le périmètre de protection. — Les sources non exploitées sont indiquées en italiques.) 19
								litres.									hect. a. c.	
Sers	Barzun	P.	Barzun	I.	Sulfureuses	Terrain de transition	30	60	+	+	1	11	″	″	2,500	A. M. 16 janvier 1849	″	
	Sainte-Marie	P.	Le Lac	IV.	Alcalines sulfatées calciques magnésiennes	Schistes à la limite des terrains jurassiques et granitique	15	28	+	+	1	28	″	″	325		″	
Siradan	Le Pré-Fermé	P.	Le Pré-Fermé	III.	Ferrugineuses	Alluvions	8	......	+	+	1	......	......	″	......		″	
	Le Chemin-Caubet	C.	Le Chemin-Caubet	III.	Idem	Idem	8	......	+	+	1	......	......	″	......		″	
Cadéac	Cadéac-Pisse	P.	Pisse	I.	Sulfureuses	Terrain de transition	13.5	15	+	+	1	12	″	″	400		″	
Ferrère	Ferrère	P.	Non dénommée	I.	Idem	Calcaires à la limite des terrains jurassiques et granitique	21	08	+	+	1	7	″	″	100	A. M. 9 juin 1843	″	
Gazost	Gazost	P.	Noire ou Burgade	I.	Idem	Calcaires et calschistes de transition	14,3	252	+	+	1	5	″	″	300	A. M. 4 décembre 1850	″	
	Nabias	C.	Nabias	I.	Idem	Schistes argileux de transition	10,5	4	+	″	1	″	″	″	″	A. M. 16 juin 1863	″	Eau d'exportation.
Beaucens	Hountalade	C.	Hountalade	I.	Idem	Calcaire schisteux micacé	11	......	+	+	1	4	″	″	1,200		″	Débit abondant, mais non jaugé.
Tramesaygues	Tramesaygues	P.	Sulfureuse alcaline	I.	Sulfurées sodiques-iodurées	Calschistes de transition	20	11	″	+	1	9	″	″	500	A. M. 2 avril 1850	″	
			Mauhourg (3 sources)	*III.*	*Ferrugineuses*	*Schistes de transition*	......	......	+	″	″	″	″	″	......	*A. M. 22 février 1865*	″	Les sources de Mauhourg ne sont pas utilisées.
Villelongue	......	C.	Pontis	III.	Idem	Idem	12	......	+	″	2	″	″	″	......	A. M. 25 mai 1864	″	Sources non captées, utilisées en boisson par les habitants.
	......	P.	Barbarou	III.	Idem	Idem	......	......	+	″						Idem	″	
Germs	Doulous	P.	Doulous	I.	Sulfureuses	Roches calcaires, terrain jurassique	14.3	......	+	+	1	2	″	″	20	A. M. 2 février 1863	″	
Labassère	......	C.	Labassère	I.	Idem	Terrain de transition	12,8	22	+	″	1	″	″	″	......	A. M. 14 mai 1860	″	Eau d'exportation.
							Totaux.	4.834,9	....	....	64	422	10	30,131	5,345		6 11 56	
PYRÉNÉES-ORIENTALES.																		
			Amélie	I.	Sulfureuses sodiques	Gneiss	54	......	+	″						A. M. 6 novembre 1859	″	
			Arago	I.	Idem	Idem	30	......	+	″						Idem	″	
			Anglada	I.	Idem	Idem	58	......	+	″						Idem	″	
			Bouillant	I.	Idem	Idem	......	......	″	+						Idem	″	
			Larrey	I.	Idem	Idem	......	......	″	+						Idem	″	
	Thermes Pujade	P.	Desgenettes	I.	Idem	Idem	......	......	″	+	11	24	1			Idem	″	L'établissement contient 10 douches. L'autorisation ministérielle du 6 novembre 1859 ne vise aucune source; elle s'applique uniquement à l'exploitation de l'établissement en général.
			Ascensionnelle	I.	Idem	Idem	......	......	″	+						Idem	″	
			Bouis	I.	Idem	Idem	33	......	+	″						Idem	″	
			Les Nerfs	I.	Idem	Idem	......	......	+	″						Idem	″	
			Pectorale	I.	Idem	Idem	......	......	+	″						Idem	″	
			Pascalone	I.	Idem	Idem	41	......	+	″						Idem	″	
Amélie-les-Bains			Le Petit Escaldadou	I.	Idem	Gneiss et porphyre	58	140	″	+				4,300			″	
			Le Bassin réfrigérant	I.	Idem	Idem	62	263	″	+							″	
	Thermes romains (Établissement Pereire)	P.	Le Jardin Parès	I.	Idem	Idem	58	80	+	″	6	24	1				″	Ces thermes sont exploités depuis 2 siècles sans interruption; ils sont subventionnés et inspectés par l'État.
			Émile	I.	Idem	Idem	70	70	+	″							″	
			Fanny	I.	Idem	Idem	40	60	+	″							″	
			Manjolet	I.	Idem	Idem	42	20	+	″							″	
	Établissement militaire	E.	Le Gros Escaldadou	I.	Idem	Gneiss	61	200	″	+	1	20	3			D. U. 18 juillet 1860. D. P. 7 février 1863.	5 47 00	L'établissement contient 6 douches.
			Source nº 1	I.	Idem	Idem	58	......	+	+							″	
			—— nº 2	I.	Idem	Idem	57,5	......	+	+							″	
			—— nº 3	I.	Idem	Idem	45	......	+	+							″	
Vernet	Les Commandants	P.	—— nº 4	I.	Idem	Idem	41	......	+	+	8	24	1	″	350		″	Depuis quelques années l'établissement dit des Commandants a passé entre les mains d'une société financière qui a modifié les captages. L'accès des griffons est impossible sans opérer des démolitions. Les sources, dont le débit était évalué à 28 litres en 1861, sont plus abondantes qu'autrefois.
			—— nº 5	I.	Idem	Idem	41	......	+	+							″	
			—— nº 6	I.	Idem	Idem	43	......	+	+							″	
			—— nº 7	I.	Idem	Idem	33	......	+	+							″	
			—— nº 8	I.	Idem	Idem	33,5	......	+	+							″	

Statistique détaillée des sources minérales exploitées ou autorisées en France et en Algérie, au 1er juillet 1882.

NOMS des départements et des communes. 1	NOMS des établissements ou des propriétaires. 2	Désignation du propriétaire. 3	NOMS DES SOURCES. 4	NATURE DES EAUX. Classe. 5	NATURE DES EAUX. Désignation. 6	SITUATION GÉOLOGIQUE des terrains par lesquels les sources arrivent au jour. 7	TEMPÉRATURE en degrés centigrades. 8	DÉBIT moyen par minute. 9	USAGE DES EAUX. Interne. 10	USAGE DES EAUX. Externe. 11	NOMBRE des sources exploitées. 12	NOMBRE des cabinets. 13	NOMBRE des piscines. 14	NOMBRE DES MALADES en 1881. [illegible] 15	NOMBRE DES MALADES en 1881. [illegible] 16	DATES des actes administratifs. 17	ÉTENDUE du périmètre de protection. 18	OBSERVATIONS. (Colonne 1. * : Commune où résident des médecins inspecteurs. — Col. 3. Sources appartenant au domaine de l'État : E. ; aux départements : D. ; aux communes : C. ; aux particuliers : P. — Col. 17. A. M. : autorisation ministérielle ; D. U. : décret d'utilité publique ; D. P. : décret fixant le périmètre de protection. — Les sources non exploitées sont indiquées en italiques.) 19
								litres.									hect. a. c.	
			La Buvette de Santé	I.	Sulfureuses	Gneiss	27	......	+	″							″	
			Bienfaisante Adélaïde	I.	Idem	Idem	38	......	+	+							″	
* Vernet (Suite.)	Mercader	P.	Le Chemin de Castell	I.	Idem	Idem	33	......	″	+	5	10	″	″	300		″	
			La Providence	I.	Idem	Idem	39	......	″	+						A. M. 8 mars 185[illegible]	″	
			Ursule	I.	Idem	Idem	42	......	″	+						Idem	″	
			Sources Loupial. N° 1	I.	Idem	Granite	37,5		+	+							″	
			Sources Loupial. N° 2	I.	Idem	Idem	37,5	137	+	+							″	
			Sources Loupial. N° 3	I.	Idem	Idem	37,5		+	+							″	
			Sources Mamet. N° 4	I.	Idem	Idem	37		+	+						A. M. [illegible] 185[illegible]	″	
* Molitg	Molitg	P.	Sources Mamet. N° 5	I.	Idem	Idem	37		+	+	9	41	″	1,358	—	Idem	″	Les établissements de Molitg sont aujourd'hui dans les mains d'un seul propriétaire.
			Sources Mamet. N° 6	I.	Idem	Idem	37	64,5	+	+						Idem	″	
			Sources Mamet. N° 7	I.	Idem	Idem	37		+	+						Idem	″	
			Sources Mamet. N° 8	I.	Idem	Idem	37		+	+						Idem	″	
			Barrère	I.	Idem	Idem	38	......	″	+						A. M. [illegible] juillet 184[illegible]	″	
			Grande source	I.	Idem	Idem	43	305	+	+							″	
			Merlat	I.	Idem	Idem	......	......	″	+							″	
			Saint-Barthélemy	I.	Idem	Idem	......	......	+	″							″	
* Dorres	Villeneuve - des - Escaldes	P.	Cassette	I.	Idem	Idem	......	15,4	+	″	6	31	″	″	450		″	Établissement exploité depuis un temps immémorial.
			Mathilde	I.	Idem	Idem	35,5	......	+	″							″	
			Dorres	I.	Idem	Idem	41	5[illegible]5	+	″							″	
Prats-de-Mollo	La Preste	P.	Source n° 1	I.	Sulfureuses et carbonatées sodiques	Pegmatite	45	......	+	+	2	12	1	″	300	A. M. 11 décembre 18[illegible]	″	Cet établissement possède, en outre, [illegible]
			Source d'en bas	I.	Idem	Idem	42	......	+	+						Idem	″	
			Le Bouhou	II.	Bicarbonatées sodiques ferrugineuses, un peu d'arsenic	Schistes de transition	17,5	1	+	+						A. M. 1er avril 185[illegible]	″	
Le Boulou	Saint - Martin - de - Fenouillet	P.	Saint-Martin-de-Fenouillet	II.	Idem	Idem	10	1	+	″	3	8	″	″	150	Idem	″	L'autorisation ne vise aucune source ; elle s'applique seulement à l'exploitation de l'établissement.
			Clémentine	II.	Idem	Idem	16,5	3,3	+	″						Idem	″	
* Canaveilles	Sigure	P.	Non dénommées (3 sources)	I.	Sulfureuses	Gneiss	60	......	+	+	3	5	″	″	120	A. M. 25 mai 18[illegible]	″	Ces sources n'ont pas été jaugées.
			Groupe Saint-André	I.	Idem	Idem	73	220	″	+						A. M. 25 avril 18[illegible]	″	Quelquefois [illegible] d'un petit établissement voisin.
			6 autres sources	I.	Sulfureuses et alcalines	Idem	40 à 61	270	″	+						Idem	″	Ces sources, très voisines, se mélangent plus ou moins les unes avec les autres, et quelques griffons sont mélangés d'eau froide pour l'exploitation.
			La Grotte	I.	Sulfureuses	Idem	70	90	″	+						Idem	″	
* Olette	Thuès	P.	Buvette	I.	Sulfureuses alcalines plus ou moins désulfurées	Idem	18 à 50	448	+	″	11	......	......	312	—	Idem	″	Le captage et le classement n'existent que très imparfaitement.
			Groupe de l'Escalade	I.	Idem	Idem	65	92	+	″						Idem	″	Débit maximum.
			Groupe de la Cascade	I.	Sulfureuses	Idem	27 à 78	412	+	″						Idem	″	Non captées, et plus ou moins mélangées. Le total des sources jaugées d'Olette donne le volume énorme de [illegible] mètres cubes par 24 heures.
* Vinça	Nossa	P.	Nossa	I.	Idem	Granite	10,8	......	+	+	1	3	″	33	—		″	Ces sources ne sont pas captées et sont seulement utilisées par les pâtres du pays.
Fontpédrouse	Saint-Thomas	P.	Saint-Thomas (3 sources)	I.	Idem	Gneiss	......	......	+	″	3	″	″	″	......	A. M. 11 décembre 18[illegible]	″	
							TOTAUX.	3,403,2	....	....	60	203	7	6,003	1,070		5 47 00	
RHÔNE.																		
* Charbonnières	Charbonnières	P.	Laval, anciennement Marsonnat	III.	Ferrugineuses salines, légèrement sulfureuses iodées	Porphyre granitoïde	0.5	55	+	+	1	20	3	401	—		″	L'établissement de Charbonnières a subi en 1881-1882 d'importantes modifications, comprenant la construction d'un casino inauguré le 12 juin 1882, la création de 3 piscines et d'une salle d'hydrothérapie très bien installée.
Sarcey	Sarcey	P.	*Les Quartiers*	III.	*Idem*	*Schistes argileux [illegible] de couleur verte et rouge, au milieu desquels se trouve le filon de pyrite de Chessy*	14	6	+	+	″	......	......	″	......	*A. M. 20 mars 1858*	″	*Inexploitée.*

Statistique détaillée des sources minérales exploitées ou autorisées en France et en Algérie, au 1er juillet 1882.

NOMS des départements et des communes. 1	NOMS des établissements ou des propriétaires. 2	Désignation du propriétaire. 3	NOMS DES SOURCES. 4	NATURE DES EAUX. Classe. 5	NATURE DES EAUX. Désignation. 6	SITUATION GÉOLOGIQUE des roches par lesquelles les sources arrivent au jour. 7	TEMPÉRATURE en degrés centigrades. 8	DÉBIT TOTAL par minute. 9	USAGE DES EAUX. En boisson. 10	USAGE DES EAUX. En bains. 11	NOMBRE des sources exploitées. 12	NOMBRE des baignoires. 13	NOMBRE des piscines. 14	NOMBRE DES MALADES en 1881. Traités. 15	NOMBRE DES MALADES en 1881. Évalués. 16	DATES DES ACTES ADMINISTRATIFS. 17	ÉTENDUE du périmètre de protection. 18	OBSERVATIONS. (Colonne 1. * : Communes où résident des médecins inspecteurs. — Col. 3. Sources appartenant au domaine de l'État : E. ; aux départements : D. ; aux communes : C. ; aux particuliers : P. — Col. 17. A. M. : autorisation ministérielle ; D. D. : décret d'utilité publique ; D. P. : décret fixant le périmètre de protection. Les sources non exploitées sont indiquées en italiques.) 19
								litres.									hect. a. c.	
Saint-Genis-les-Ollières	......	P.	*La Garenne*	»	......	......	......	......	+	»	»	»	»	»	......	A. M. 21 août 1864	»	
Saint-Didier-au-Mont-d'Or	......	P.	*La Roche Coulon*	»	......	......	......	......	+	»	»	»	»	»	......	A. M. 5 août 1859	»	
Neuville-sur-Saône	......	P.	*Les Terrières*	»	......	......	......	......	+	»	»	»	»	»	......	A. M. 18 avril 1861	»	Ces 3 sources sont complètement abandonnées.
			Villeroy	»	......	......	......	......	+	»	»	»	»	»	......	*Idem*	»	
			Vivant	»	......	......	......	......	+	»	»	»	»	»	......	*Idem*	»	
							TOTAUX.	55	....	....	1	20	3	401	......	......	»	
SAÔNE (HAUTE-).																		
* Luxeuil	Luxeuil	E.	Le Bain des Capucins	IV.	Chlorurées sodiques	Grès bigarrés	38,5	15,5	»	+	18	71	5	1,580	—	D. L. 26 juillet 1853. D. P. 14 juillet 1872	191 00 00	
			Le Petit Bain dit des Cuvettes	IV.	*Idem*	*Idem*	44	6,6	+	+						*Idem*		
			Le grand bassin (2 sources)	IV.	*Idem*	*Idem*	51 et 69	26,4	+	+						*Idem*		
			Le bain Gradué (4 sources)	IV.	*Idem*	*Idem*	38 et 45	17,8	»	+						*Idem*		
			Gélatineuse	IV.	*Idem*	*Idem*	32 et 37	6,3	+	+						*Idem*		
			Le Bain des Dames	IV.	*Idem*	*Idem*	44	33,9	+	+						*Idem*		
			Les Bénédictins (2 sources)	IV.	*Idem*	*Idem*	38 et 42	11	»	+						*Idem*		
			L'Hygie	IV.	*Idem*	*Idem*	30,5	4,1	+	+						*Idem*		
			Martin	IV.	*Idem*	*Idem*	22	228,7	»	+						*Idem*		
			Les Yeux	IV.	*Idem*	*Idem*	24	0,3	»	+						*Idem*		
			Labienus	IV.	*Idem*	*Idem*	34,6	5,7	»	+						*Idem*		
			Le Puits Romain	III.	Ferrugineuses manganésées, carbonatées	*Idem*	30	31	»	+						*Idem*		
			Le Temple ou la Cuvette ferrugineuse	III.	*Idem*	*Idem*	24	14,6	+	+						*Idem*		
Villeminfroy	......	P.	Martin	IV.	Séléniteuses-magnésiennes	Grès infraliasique	13,5	51	+	»	1	»	»	»	......	A. M. 29 décembre 1859	»	
Ébas	......	P.	Frayon	III.	Ferrugineuses carbonatées	Alluvion ferrugineuse sur l'étage cavallien	11	10	+	»	1	»	»	»	......	A. M. 18 janvier 1865	»	
							TOTAUX.	402,9	....	....	20	71	5	1,580	......	......	191 00 00	NOTA. Il existe, en outre, à Neuvelle-lès-la-Charité, une source d'eau sulfureuse, non autorisée, fréquentée seulement par quelques habitants des environs.
SAÔNE-ET-LOIRE.																		
* Bourbon-Lancy	Bourbon-Lancy	C.	La Lymbe	IV.	Chlorurées sodiques	Grauwacke dévonienne	55,8	157,7	»	+	5	50	2	507	—	A. M. 3 décembre 1860	»	
			Saint-Léger	IV.	*Idem*	*Idem*	48,8	5,7	»	+						*Idem*	»	
			Marguerite	IV.	*Idem*	*Idem*	46,3	3,7	»	+						*Idem*	»	
			Descure	IV.	*Idem*	*Idem*	53,6	30	»	+						*Idem*	»	
			Reine	IV.	*Idem*	*Idem*	50,3	22,2	»	+						*Idem*	»	
Saint-Christophe-en-Brionnais	Saint-Christophe-en-Brionnais	P.	Non dénommée	III.	Ferrugineuses	Granite	15	4	+	+	1	8	»	»	25	A. M. 18 juillet 1881	»	
							TOTAUX.	223,3	....	....	6	58	2	507	25	......	»	

Statistique détaillée des sources minérales exploitées ou autorisées en France et en Algérie, au 1er juillet 1882.

NOMS des départements et des communes	NOMS des établissements ou des propriétaires	Nature du propriétaire	NOMS des sources	NATURE DES EAUX. Classe	NATURE DES EAUX. Désignation	SITUATION GÉOLOGIQUE des sources par laquelle les sources arrivent au jour	TEMPÉRATURE au griffon, degrés centigrades	DÉBIT moyen par minute	USAGE DES EAUX. En boisson	USAGE DES EAUX. En bains	NOMBRE des piscines	NOMBRE des baignoires	NOMBRE des douches	NOMBRE DES BAIGNEURS en 1881. Étrangers	NOMBRE DES BAIGNEURS en 1881. Locaux	DATES des actes administratifs	ÉTENDUE du périmètre de protection	OBSERVATIONS (Colonne 1re. Communes où résident des médecins inspecteurs. — Col. 3. Sources appartenant au domaine de l'État : E.; aux départements : D.; aux communes : C.; aux particuliers : P. — Col. 17. A. M. : autorisation ministérielle; D. U. : décret d'utilité publique; D. P. : décret fixant le périmètre de protection. — Les sources non exploitées sont indiquées en italiques.)
1	2	3	4	5	6	7	8	9	10	11	12	13	14	15	16	17	18	19
								litres.									hect. a. c.	
SAVOIE.																		
* Aix-les-Bains	Aix-les-Bains	E.	Source d'eau de soufre	I.	Sulfureuses; carbonatées calciques, et sulfatées sodiques magnésiennes	Calcaire néocomien supérieur (urgonien)	44	720	+	+	2	42	6	(1) 6,500	—	....	″	(1) L'établissement est, en outre, fréquenté par environ 21,000 étrangers.
			—— d'alun	I.	Idem	Idem	47	1,380	+	+						....	″	L'exploitation des eaux d'Aix remonte à un temps immémorial; elles sont surtout employées pour l'usage externe. L'établissement possède 26 douches.
* Salins	Salins	P.	Salins	IV.	Salines	Calcaires magnésiens du trias	30	2,431	″	+	1	22	3	1,000	—	Concession royale du 28 mars 1860. D. U. 21 juin 1878	″	L'établissement possède 5 douches.
* Brides	Brides-les-Bains	P.	Brides	IV.	Idem	Idem	35	268	″	+	1	20	3	800	—	D. U. 21 juin 1878	″	Établissement exploité depuis très longtemps. Il possède 5 douches.
* Challes-les-Eaux	Challes	P.	Challes	I.	Sulfureuses alcalines	Calcaire jurassique	12	20	+	+	1	18	1	″	600	....	″	Établissement exploité depuis très longtemps.
Marlioz	Marlioz	P.	Esculape	I.	Idem	Calcaire néocomien supérieur (urgonien)	14		″	+	3	14	″	255	—	....	″	
			Bonjean	I.	Idem	Idem	14	30	″	+						....	″	Établissement exploité depuis très longtemps. Il possède toutes les installations accessoires.
			Adélaïde	I.	Idem	Idem	15		″	+						....	″	
L'Échaillon	L'Échaillon	P.	L'Échaillon	IV.	Magnésiennes	Micaschistes	32	354	+	+	1	4	″	″		....	″	Établissement exploité depuis très longtemps; fréquenté seulement par les gens du pays.
Bourg-Saint-Maurice	Bonneval	P.	Bonneval	IV.	Salines	Schistes lustrés du trias	35	700	″	+	1	6	″	″	200	....	″	Établissement exploité depuis très longtemps.
Albertville	Albertville	P.	Farette	II.	Alcalines	Éboulis adossés à un gisement de micaschistes	11	8	″	+	1	.....	.....	″	.....	A. M. 21 septembre 1876	″	Ces eaux sont consommées exclusivement par les habitants.
* La Boisse	La Boisse	P.	La Boisse	III	Ferrugineuses	Molasse marine	12	4	+	″	1	″	″	5	—	A. M. 5 août 1877	″	Ces eaux ne sont pas consommées sur place; elles sont exportées en bouteilles.
Saint-Simon	Saint-Simon	P.	Saint-Simon	II.	Alcalines	Alluvions anciennes recouvrant la molasse	20	30	+	″	1	″	″	″	.....	....	″	L'exploitation de ces eaux remonte à très longtemps; elles sont en partie exportées, en partie consommées sur place par les baigneurs d'Aix.
							Totaux.	5,801	....	....	13	124	13	8,313	1,033	....	″	
SAVOIE (HAUTE-)																		
* Évian-les-Bains	Évian	P.	Cachat	II.	Bicarbonatées alcalines et calciques	Alluvions anciennes	12	8	+	+	5	47	″	4,395	—	A. M. 19 septembre 1878	″	L'établissement possède 19 douches.
			Vignier	II.	Idem	Idem	12	5	+	+						Idem	″	
			Guillet	II.	Idem	Idem	11	32	+	+						Idem	″	
			Bonnevie	II.	Idem	Idem	9	20	+	+						Idem	″	
			Montmasson	II.	Idem	Idem	12	120	+	+						Idem	″	
* Saint-Gervais	Saint-Gervais	P.	Le Torrent	IV.	Chlorurées sulfatées magnésiennes	Trias (quartzites et dolomies)	40	0	+	+	6	20	″	859	—	....	″	
			Gonthard	IV.	Idem	Idem	41	100	+	+						....	″	Établissement exploité depuis très longtemps.
			May	IV.	Idem	Idem	44	20	+	+						....	″	
			Source Ferrugineuse	III.	Ferrugineuses	Idem	30	.....	+	+						....	″	Sources intermittentes.
Publier	Amphion	P.	Source Ferrugineuse	III.	Bicarbonatées ferrugineuses	Alluvions anciennes	8	150	+	+	2	12	″	″	400	A. M. 30 décembre 1864	″	
			Source Alcaline	II.	Bicarbonatées alcalines	Idem	12	10	+	+						Idem	″	
Allonzier	La Caille	P.	Château	I.	Sulfureuses	Marnes néocomiennes	30	50	+	+	2	7	1	″	300	....	″	Établissement exploité depuis très longtemps.
			Saint-François	I.	Idem	Idem	30	50	+	+						....	″	
Chens-Cusy	Tougues	P.	Source n° 1	II.	Bicarbonatées alcalines	Alluvions anciennes	10		+	″	3	″	″	″	.....	A. M. 22 avril 1869	″	
			Source n° 2	II.	Idem	Idem	10	100	+	″						Idem	″	L'eau est consommée par les habitants du pays.
			Source n° 3	II.	Idem	Idem	10		+	″						Idem	″	
Thonon	....	C.	La Versoie	II.	Idem	Idem	12	600	+	″	1	″	″	″	.....	A. M. 22 juin 1864	″	L'eau est utilisée par les gens du pays.
Sillingy	Bonnaines	P.	Source Sulfureuse	I.	Sulfureuses	Éboulis reposant sur le calcaire néocomien supérieur (urgonien)	17	51	+	+	1	12	″	″	250	....	″	Établissement exploité depuis très longtemps.
Menthon	Menthon	P.	Source Sulfureuse	I.	Idem	Grès nummulitiques	14	120	+	+	1	10	″	″	350	....	″	Idem.
							Totaux.	1,402	....	....	19	108	1	5,177	1,300	....	″	

Statistique détaillée des sources minérales exploitées ou autorisées en France et en Algérie, au 1er juillet 1882.

NOMS des départements et des communes. 1	NOMS des établissements ou des propriétaires. 2	Désignation du propriétaire. 3	NOMS des sources. 4	NATURE DES EAUX. Classe. 5	NATURE DES EAUX. Désignation. 6	SITUATION GÉOLOGIQUE des orifices par lesquels les sources arrivent au jour. 7	Température en degrés centigrades. 8	Débit moyen par minute. 9	USAGE DES EAUX. Interne. 10	USAGE DES EAUX. Externe. 11	Nombre des sources exploitées. 12	NOMBRE des baignoires. 13	NOMBRE des piscines. 14	NOMBRE DES MALADES en 1881. Déclaré. 15	NOMBRE DES MALADES en 1881. Évalué. 16	DATES des actes administratifs. 17	Étendue du périmètre de protection. 18	OBSERVATIONS. (Colonne 1,* : Communes où résident des médecins inspecteurs. — Col. 3. Sources appartenant au domaine de l'État : É. ; aux départements : D. ; aux communes : C. ; aux particuliers : P. — Col. 17. A. M. : autorisation ministérielle ; D. U. : décret d'utilité publique ; D. P. : décret fixant le périmètre de protection. — Les sources non exploitées sont indiquées en italiques.) 19
								litres.									hect. a. c.	
SEINE.																		
* Paris	Auteuil	P.	Quicherat	III.	Ferrugineuses	Terrain tertiaire (argile plastique)	11	2	+	»	4	»	»	»	......	A. M. 23 juin 1851	»	
			Montmorency	III.	Idem	Idem	11	1,5	+	»						Idem	»	
			Joseph	III.	Idem	Idem	11	2	+	»						Idem	»	
			La Fontaine	III.	Idem	Idem	11	2,5	+	»						Idem	»	
	Batignolles	P.	Source sulfureuse	I.	Sulfureuses calciques	Terrain tertiaire (étage du gypse)	10	3	+	»	1	»	»	»	......	A. M. 17 février 1859	»	
	Belleville	P.	Source sulfureuse	I.	Idem	Idem	10	98	+	»	1	»	»	»	......	A. M. 1er septembre 1853	»	
	Passy	P.	Non dénommées (3 sources)	III.	Ferrugineuses	Terrain tertiaire (argile plastique)	10	6	+	»	3	»	»	»	......	A. M. 11 décembre 1878	»	Ces sources ne sont plus exploitées industriellement. On délivre l'eau gratuitement ; elle est d'ailleurs très peu demandée.
							12	0,5	+	»								
							11	2	+	»								Il existait aux Ternes une source d'eau ferrugineuse autorisée, abandonnée à la suite de la construction du chemin de fer de Ceinture, dont les terrassements ont masqué le point d'émergence.
							Totaux.	117,5	....	....	9	»	»	»	......	......	»	
SEINE-INFÉRIEURE.																		
* Forges-les-Eaux	Forges-les-Eaux	P.	La Reinette	III.	Ferrugineuses	Sables ferrugineux inférieurs à la craie	7	15	+	+	3	6	»	220	—	A. M. 4 octobre 1877	»	L'usage des eaux de Forges est surtout interne. — Il est indiqué une expédition de 18,000 bouteilles par an. — En plus des baignoires il y a un cabinet de douches.
			La Royale	III.	Idem	Idem	7	30	+	+						Idem	»	
			La Cardinale	III.	Idem	Idem	6	6	+	+						Idem	»	
Rouen	....	C.	Le Pré-Thuilleau	III.	Idem	Alluvions et tourbe	12	2,1	+	»	1	»	»	»	......	A. M. 7 mars 1878	»	Il n'y a pas d'établissement proprement dit, mais une simple pompe où viennent puiser un nombre considérable de personnes.
Graville-Ste-Honorine	....	C.	*Le Château-d'Eau*	*III.*	*Idem*	*Craie chloritée*	*10*	......	+	»	»	»	»	»	......	*A. M. 17 juin 1852*	»	Source inexploitée.
							Totaux.	53,1	....	....	4	6	»	220	......	......	»	
SEINE-ET-MARNE.																		
Provins	....	C.	Non dénommée	III.	Ferrugineuses	Limons d'atterrissement marneux et sableux, argile ocreuse, tourbe compacte noire, argile pyriteuse	12	......	+	»	1	»	»	»	......	......	»	Concession gratuite faite par l'État à la ville de Provins. (Loi du 22 avril 1840.)
Thieux	....	P.	*Source n° 1*	*I.*	*Sulfureuses*	*Sables moyens, gypses et dépôts diluviens de formation récente*	*14*	*20*	+	»	»	»	»	»	......	*A. M. 30 juillet 1861*	»	Source inexploitée depuis plusieurs années.
							Totaux.	......	....	....	1	»	»	»	......	......	»	
SEINE-ET-OISE.																		
* Enghien-les-Bains	Enghien	P.	Le Roi	I.	Sulfureuses calciques	Terrains quaternaires, marnes et sables remaniés	14	14	+	»	13	62	4	1,000	—	A. M. 3 avril 1841 D. U. 18 juin 1865	»	
			Dayons	I.	Idem	Idem	13	11	+	»						Idem	»	
			Péligoux	I.	Idem	Idem	13	8	+	»						Idem	»	
			La Pêcherie	I.	Idem	Idem	12	13	+	+						Idem	»	
			Fourcroy	I.	Idem	Idem	13	8	+	+						Idem	»	
			Vauquelin	I.	Idem	Idem	12	14	+	+						Idem	»	
			Le Lac	I.	Idem	Idem	14	17	+	+						A. M. 18 février 1865	»	
			Le Nord ou Lévy	I.	Idem	Idem	13	2	+	+						A. M. 2 janvier 1865	»	
			Puisaye ou les Roses	I.	Idem	Idem	14	16	+	+						A. M. 28 juillet 1866	»	
			Coquil n° 1	I.	Idem	Idem	12	17	+	+						A. M. 30 mai 1867	»	
			—— n° 2	I.	Idem	Idem	13	15	+	+						A. M. 23 juin 1863	»	
			—— n° 3	I.	Idem	Idem	12	16	+	+						A. M. 31 mai 1867	»	
			Bousquet	I.	Idem	Idem	11	12	+	+						A. M. 31 mars 1866	»	
			Boulard	*I.*	*Idem*	*Idem*	*13*	*5*	+	»						*A. M. 2 avril 1851* *D. U. 18 juin 1865*	»	Cette source n'est pas employée, donnant une eau trop pauvre.

Statistique détaillée des sources minérales exploitées ou autorisées en France et en Algérie, au 1er juillet 1882.

NOMS des départements et des communes. 1	NOMS des établissements ou des propriétaires. 2	Désignation du propriétaire. 3	NOMS DES SOURCES. 4	NATURE DES EAUX. Classe. 5	NATURE DES EAUX. Désignation. 6	SITUATION GÉOLOGIQUE des sources par lesquels les sources arrivent au jour. 7	TEMPÉRATURE en degrés centigrades. 8	DÉBIT moyen par minute. 9	USAGE DES EAUX. Interne. 10	USAGE DES EAUX. Externe. 11	NOMBRE des sources exploitées. 12	NOMBRE des baignoires. 13	NOMBRE des piscines. 14	NOMBRE DES MALADES en 1881. Hôpital. 15	NOMBRE DES MALADES en 1881. Établissement. 16	DATES DES ACTES ADMINISTRATIFS. 17	ÉTENDUE du périmètre de protection. 18	OBSERVATIONS. (Colonne I, * : Communes où résident des médecins inspecteurs. — Col. 3. Sources appartenant au domaine de l'État : E.; aux départements : D.; aux communes : C.; aux particuliers : P. — Col. 17. A. M. : autorisation ministérielle. D. U. : décret d'utilité publique; D. P. : décret fixant le périmètre de protection. — Les sources non exploitées sont indiquées en italique.) 19
								litres.									hect. a. c.	
Livry	Livry-Sévigné	P.	Notre-Dame-de-Livry	I.	Sulfureuses calciques	Terrains remaniés, sables et marnes	14	6	+	+	4	6	1	»	80	A. M. 20 décembre 1878	»	
			Sainte-Marie	I.	Sulfureuses et ferrugineuses	Idem	17	2	+	+						Idem	»	
			Sévigné	III.	Ferrugineuses	Idem	16	2	+	+						Idem	»	
			L'Amiral-Jacob	I.	Sulfureuses calciques	Idem	10	3	+	+						Idem	»	
Forges-les-Bains	Assistance publique	P.	Raymond	IV.	Carbonatées magnésiennes	Mélange de roches de différentes formations remplissant une poche de la formation gypseuse	13	46	+	+	1	»	1	»	165	A. M. 10 janvier 1873	»	Cette eau est utilisée seulement pour les malades de l'hôpital.
	Courty	P.	Cancis	IV.	Idem	Idem	13	53	+	+	4	18	1	»	......	A. M. 21 juillet 1861	»	Les eaux de Forges sont très peu minéralisées; les trois dernières sources sont seulement utilisées par les habitants de la localité.
			Le Curé	IV.	Idem	Idem	13	......	+	»						Idem	»	
			Vinitel	IV.	Idem	Idem	13	......	+	»						Idem	»	
			L'Hôpital	IV.	Idem	Idem	13	......	+	»						Idem	»	
							TOTAUX.	275	....	....	22	86	7	1,000	245	......	»	
SÈVRES (DEUX-).																		
* Bilazais	......	D.	Les Fontaines	I.	Sulfureuses calciques	Calcaire jurassique	10	4	+	+	1	12	»	12	—	......	»	L'eau est transportée dans des tonneaux à l'hospice d'Oiron, distant de 2 kilomètres. Il existe aussi à Veine, commune de Montbron, une source analogue dont les eaux ne sont pas utilisées.
SOMME.																		
Amiens	Lambert Moreale	P.	Les Huchers	III.	Ferrugineuses	Alluvions	11	75	+	»	1	»	»	»	......	A. M. 28 février 1881	»	L'établissement est encore en construction. On a vendu 1,800 litres d'eau en 1881. Le débit naturel est inconnu; une expérience a toutefois établi qu'un épuisement de 1,200 litres à la minute ne tarissait pas la source.
	Leblanc-Duvernoy	P.	Le Petit-Saint-Jean	II.	Idem	Idem	11	......	+	+	1	......	»	»	......	A. M. 27 décembre 1877	»	
							TOTAUX.	75	....	....	2	»	»	»	......	......	»	
TARN.																		
Trébas	Montant	P.	Saint-Roch	I.	Sulfureuses calciques chlorurées	Schistes pyriteux de transition	16	8	»	+	2	......	......	»	......	A. M. 27 avril 1875	»	La source Assier a été réunie à la source Saint-Roch.
			Assier	I.	Idem	Idem	16	5	»	+						A. M. 2 septembre 1835	»	
Roquecourbe	La Commune	C.	Le Chemin profond	III.	Ferrugineuses	Schistes argileux de transition	13	4,5	+	»	1	»	»	»	......	A. M. 19 avril 1862	»	
Vaour	Naurois	C.	Non dénommée	IV.	Salines sulfatées	Grès bigarrés	10	1,5	+	»	1	»	»	»	......	A. M. 7 septembre 1871	»	
Lacaune	Lacaune	P.	Lacaune	IV.	Carbonatées calciques	Schistes argileux de transition	21,5	170	+	+	1	26	»	»	......	......	»	
							TOTAUX.	189	....	....	5	26	»	»	......	......	»	
VAUCLUSE.																		
* Vacqueyras	Montmirail Vacqueyras	P.	Source ferrugineuse	III.	Ferrugineuses	Terrain tertiaire	10	10	+	+	3	30	»	600		A. M. 26 mai 1879	»	Il existe, en outre, à l'établissement une salle de douches, une d'inhalation, une de pulvérisation, une de bains de vapeur et une de douches de vapeur.
			Source sulfureuse	I.	Sulfurées calciques	Idem	10	12	+	+						A. M. 11 septembre 18..	»	
			Source verte	IV.	Sulfatées sodiques magnésiennes	Idem	16	0,2	+	+						A. M. 26 avril 1869	»	
Velleron	Poujols	P.	Sources nos 1, 2 et 3	II.	Bicarbonatées sodiques	Idem	20	70	+	+	3	20	1	»	2,000	A. M. 13 mai 1859	»	Chaque source débite en moyenne 25 litres à la minute.
	Fabre	P.	Pommes de Venise (4 sources)	IV.	Chlorurées sulfatées alcalines magnésiennes et calciques	Idem	17	87	+	+	4	18	2	»	......	A. M. 27 avril 1869	»	L'établissement possède quatre sources dont le débit est respectivement de 50, 6, 6 et 5 litres.
Beaumes	Urbain-Vacqueyras	P.	Source no 1	I.	Sulfureuses calciques	Idem	18	12	+	+	2	14	4	»	400	Idem	»	
		P.	Source no 2	III.	Ferrugineuses	Idem	17	14	+	+						Idem	»	
Gigondas	Gros	P.	Les Florets	I.	Sulfureuses calciques	Idem	12	3,5	+	+	1	7	»	»	100	A. M. 19 avril 1879	»	Il y a, en outre, à l'établissement une salle de bains de vapeur et un cabinet de douches.
							TOTAUX.	208,7	....	....	15	89	7	600	2,500	......	»	

Statistique détaillée des sources minérales exploitées ou autorisées en France et en Algérie, au 1er juillet 1882.

NOMS des départements et des communes (1)	NOMS des établissements ou des propriétaires (2)	Désignation du propriétaire (3)	NOMS des sources (4)	NATURE DES EAUX — Classe (5)	NATURE DES EAUX — Désignation (6)	SITUATION GÉOLOGIQUE des griffons par lesquels les sources arrivent au jour (7)	TEMPÉRATURE en degrés centigrades (8)	DÉBIT total par minute (9)	USAGE DES EAUX — Interne (10)	USAGE DES EAUX — Externe (11)	NOMBRE des sources exploitées (12)	NOMBRE des baignoires (13)	NOMBRE des piscines (14)	NOMBRE DES MALADES en 1881 — Hôpital (15)	NOMBRE DES MALADES en 1881 — Évalué (16)	DATES des actes administratifs (17)	ÉTENDUE du périmètre de protection (18)	OBSERVATIONS (19) (Colonne 1. * Communes où résident des médecins inspecteurs. — Col. 3. Sources appartenant au domaine de l'État : E; aux départements : D; aux communes : C; aux particuliers : P. — Col. 17. A. M. : autorisation ministérielle; D. U. : décret d'utilité publique; D. P. : décret fixant le périmètre de protection. — Les sources non exploitées sont indiquées en italique.)
								litres.									hect. a. c.	
VIENNE.																		
			Source n° 1	I.	Sulfureuses calciques bicarbonatées, légèrement ferrugineuses	Craie tuffeau	15,5		+	+							״	
* La Roche-Posay	La Roche-Posay	C.	—— n° 2	I.	Sulfureuses et ferrugineuses	Idem	13,5	40	+	+	3	20	״	״	150		״	Sources connues depuis trois siècles. Une demande de déclaration d'utilité publique, présentée en 1874, est demeurée sans résultat.
			—— n° 3	I.	Ferrugineuses, légèrement sulfureuses	Idem	11		+	+							״	
VOSGES.																		
			Le Robinet Romain	II.	Bicarbonatées sodiques silicatées		68	17,2	+	״						D. U. 4 juillet 1863		
			Le Robinet Stanislas	II.	Idem		65	2,9	+	״						Idem		L'établissement de Plombières et l'exploitation des sources ont été concédés à une Compagnie fermière par une loi du 6 juin 1857.
			Le Robinet Vauquelin	II.	Idem		58	6	+	״						Idem		
			17 sources de 1 à 17 dites Savonneuses	II.	Idem		12 à 50	68,6	+	+						Idem		TEMPÉRATURE
			14 sources de 1 à 14, dites du Thalweg	II.	Idem		29 à 67	230,0	״	+						Idem		des 17 sources dites Savonneuses : N° 1... [illegible] — N° 17... [illegible]
			2 sources isolées, dites du Thalweg	II.	Idem	La griffon de toutes ces sources consiste en fissures dans le granite porphyroïde. — Les savonneuses émergent dans une galerie souterraine creusée dans le sol; celles du thalweg à la base d'une galerie souterraine maçonnée; et les autres dans des cavités généralement peu profondes.	53 et 27	27,1	״	+						Idem		des 14 sources du Thalweg : N° 1... [illegible] — N° 14... [illegible]
* Plombières	Plombières	E.	Les Capucines	II.	Idem		42	9,5	״	+	46	190	15	1,983	—	Idem	11 30 00	
			Les Dames	II.	Idem		52	15	+	+						Idem		
			Le Crucifix	II.	Idem		44	7,7	+	+						Idem		
			Muller	II.	Idem		31	5,0	״	+						Idem		
			Pariset	II.	Idem		18	0,7	״	+						Idem		
			Lambinet	II.	Idem		26	12	״	+						Idem		
			Le Trottoir	II.	Idem		10	1	״	+						Idem		Débit total... [illegible] — Débit total... [illegible]
			Fournie	II.	Idem		38	2	״	+						Idem		
			Bisot	II.	Idem		11	32,2	״	+						Idem		
			Bourdeille ou Ferrugineuse	III.	Ferrugineuses		10	3,2	+	+						Idem		
			Le Pavillon	IV.	Sulfatées calciques alcalines	Le griffon de ces sources se trouve à une profondeur moyenne de 3 mètres et consiste en fissures dans le muschelkalk; au-dessus, argile verte compacte sur 3 mètres, puis argile molle et terre végétale	11,5	125	+	״						D. U. 4 août 1860. D. P. 20 juin 1861		Les bains pris avec cette eau chauffée ne sont pas considérés comme étant d'un usage médical. — Expédition annuelle 300.000 bouteilles.
* Contrexéville	Le Pavillon	P.	Les Bains	IV.	Idem		11,5	8	+	+	4	35	״	2,376	—	Idem	2 30 00	
			Le Quai	IV.	Idem		11,5	50	+	״						Idem		
			La Souveraine	IV.	Idem		11,5	8	+	״						A. M. 20 juin 1861	״	
			Grosse source	IV.	Sulfatées sodiques arsenicales	Fissures du grès bigarré superposé au granite	48	44	+	+						D. U. 9 janvier 1861	״	
			Romaine	IV.	Idem	Idem	44	0,6	+	+						Idem	״	
			Souterraine	IV.	Idem	Idem	41	8,5	״	+						Idem	״	
			Le Robinet de cuivre	IV.	Idem	Idem	45	5,4	״	+						Idem	״	
			Le Robinet de fer	IV.	Idem	Idem	45	14,7	״	+						Idem	״	
			Tempérée	IV.	Idem	Idem	30	4,6	״	+						Idem	״	
* Bains	Bains	P.	Saint-Colomban	IV.	Idem	Idem	24	20	״	+	12	14	3	289	—	Idem	״	
			Casquin ou Savonneuse	IV.	Idem	Idem	38	3	+	+						Idem	״	
			Féconde	IV.	Idem	Idem	40	13,8	״	+						Idem	״	
			La Promenade	IV.	Idem	Idem	39	02,2	״	+						Idem	״	
			La Vache	IV.	Idem	Idem	33	2,5	+	+						Idem	״	
			Grosdgery	IV.	Idem	Idem	......	......	״	+						......	״	Cette source n'est pas comprise dans le décret de déclaration d'utilité publique.

Statistique détaillée des sources minérales exploitées ou autorisées en France et en Algérie, au 1er juillet 1882.

NOMS des départements et des communes. 1	NOMS des établissements ou des propriétaires. 2	Désignation de propriétaire. 3	NOMS des sources. 4	NATURE DES EAUX. Classe. 5	NATURE DES EAUX. Désignation. 6	SITUATION GÉOLOGIQUE des orifices par lesquels les sources arrivent au jour. 7	Température en degrés centigrades. 8	Débit moyen par minute. 9	USAGE DES EAUX. Interne. 10	USAGE DES EAUX. Externe. 11	NOMBRE des buvettes ou fontaines. 12	NOMBRE des baignoires. 13	NOMBRE des piscines. 14	NOMBRE DES MALADES EN 1881. Dénombrés. 15	NOMBRE DES MALADES EN 1881. Évalués. 16	DATES des actes administratifs. 17	ÉTENDUE du périmètre de protection. 18	OBSERVATIONS. (Colonne 1. * : Communes où résident des médecins inspecteurs. — Col. 3. Sources appartenant au domaine de l'État : E. ; aux départements : D. ; aux communes : C. ; aux particuliers : P. — Col. 17. A. M. : autorisation ministérielle ; D. C. : décret déclaratif d'intérêt public ; D. P. : décret fixant le périmètre de protection. — Les sources non exploitées sont indiquées en italiques.) 19
								litres.									hect. a. c.	
* Vittel	Vittel	P.	Grosse source	IV.	Sulfatées calciques alcalines	Fissures du muschelkalk	11	85	+	+	4	12	″	455	—	A. M. 18 mai 1853	″	Les bains pris avec cette eau chauffée ne sont qu'exceptionnellement l'objet d'un usage médical. — On expédie annuellement 100,000 bouteilles d'eau.
			Marie	IV.	Idem	Idem	11.5	47	+	+						A. M. 25 mars 1857	″	
			Les Demoiselles	IV.	Idem	Idem	11.5	17	+	+						Idem	″	
			Salée	IV.	Idem	Couche d'argile bleuâtre graveleuse et assez consistante.	12	52	+	+						A. M. 28 mars 1876	″	
* Martigny-les-Lamarche	Martigny-les-Lamarche	C.	Sources nos 1 et 2	IV.	Idem	Fissures du muschelkalk	11	80	+	″	2	″	″	″		A. M. 20 avril 1859	″	Même observation que pour Vittel. — Expédition annuelle, 20,000 bouteilles.
* Bussang	Bussang	P.	Source d'en bas ou Salmade	II.	Alcalines ferrugineuses	Fissures dans une sorte de grauwacke, compacte et très dure, qui paraît formée d'anciennes argiles durcies.	12	1	+	″	3	″	″	″		A. M. 9 novembre 1864. D. C. 7 avril 1866	17 00 00	L'établissement est en construction. Jusqu'ici il n'a été fait que des expéditions d'eau, environ 100,000 bouteilles par an.
			Fontaine d'en haut ou des Demoiselles	II.	Idem	Idem	12	0.8	+	″						Idem		
			Marie	II.	Idem	Idem	11	1.1	+	″						A. M. 5 janvier 1877	″	
Hagecourt	Lepage	P.	Henchelomp	IV.	Sulfatées calciques	Fissures du muschelkalk	13	132	+	″	1	″	″	″	42	A. M. 14 juillet 1855	″	Il n'y a pas d'établissement proprement dit. — Expédition annuelle, 1,700 bouteilles.
Saint-Vallier	La Commune	C.	Fontaine Valérie	IV.	Idem	Idem	10	133	+	″	1	″	″	″	15	A. M. 27 mars 1869	″	Il n'y a pas d'établissement proprement dit. — Expédition annuelle, 1,800 bouteilles.
Dolaincourt	Millot	P.	La Sommerie	I.	Sulfurées sodiques arsenicales	Fissure assez large dans les argiles compactes et remplies de galets calcaires de l'oolithe inférieure.	10	0.5	+	″	1	″	″	″		A. M. 5 mai 1852	″	Il n'y a pas d'établissement proprement dit. — Expédition annuelle, 1,800 bouteilles.
Norroy		C.	Le Rond-Buisson	IV.	Sulfatées calciques			4.8	+	″	1	″	″	″			″	Cette source n'a pas été jusqu'à ce jour l'objet d'une exploitation régulière. On estime à environ 4,000 bouteilles la quantité d'eau employée pour les boissons des malades.
Circourt		C.	Les Sommeuvres	IV.	Idem				+	″	1	″	″	″			″	Source très fréquentée pendant la saison d'été.
							TOTAUX	1,381.2			76	251	18	5,096	57		31 95 00	
ALGÉRIE.																		
ALGER.																		
Mixte d'Adélia	Hammam R'hira	E.	13 sources	IV.	Salines chlorurées sodiques et sulfatées calciques	Marnes grises helvétiennes (miocène moyen) et travertin déposé par les sources elles-mêmes.	12 à 70	610	″	+	14	4	8	″	850	A. G. 15 mai 1859. D. II. ; D. P. 24 avril 1880	52 58 00	13 sources. Nos 1, 1 bis, 5, 5 bis, 7, 7 bis, 3, 8 bis, 4, 4', 4'', etc.
			Source ferrugineuse no 4	IV.	Salines chlorurées sodiques et sulfatées calciques ferrugineuses	Idem	19	17.4	+	″						Idem	2 95 34	
Berigo	Hammam Melouan	P.	Le Marabout de Sidi-Slimane	IV.	Salines chlorurées sodiques	Contact du terrain miocène inférieur et du terrain crétacé inférieur.	40	400	+	+	3	″	2	″	250		″	Autorisation accordée provisoirement par le Gouvernement général en date du 29 juin 1863, mais révoquée le 5 avril 1866.
			La Piscine européenne	IV.	Idem	Idem	40		″	+							″	Établissement fréquenté surtout par les indigènes.
Bouzaréah	Mahmoud Ouled el Kernan	P.	Non dénommée	II.	Alcalines ferrugineuses	Schistes anciens	16	0.3	+	″	1	″	″	″	″	A. G. 18 mai 1879	″	
Aïn-Bessem d'Aumale	Oued Chris	E.	Oued Chris	I.	Sulfureuses calciques	Terrain crétacé	44 à 61	192	″	+	1	″	″	″	1,200		″	Utilisés par les indigènes en bains près dont des constructions ont à peine ménagé par eux.
Mixte des Ouarsenis	Hammam-el-Hamé	E.	Hammam-el-Hamé	I.	Sulfureuses sodiques	Idem	42	270	″	+	1	″	″	″	400		″	Idem.
Mixte de Berrouaghia		E.	Non dénommée	I.	Idem	Idem	41	60	″	+	1	″	″	″	250		″	Idem.
Mixte de Dra-el-Mizan	Ben-Haroun	E.	Ben-Haroun	I.	Sulfureuses carbonatées	Contact du terrain miocène helvétien et du crétacé.	18	5	+	″	1	″	″	″			″	Demandée en concession temporaire.
							TOTAUX	1,843.[illegible]			21	4	10	″	3,[illegible]0		11 13 94	

Statistique détaillée des sources minérales exploitées ou autorisées en France et en Algérie, au 1er juillet 1882.

Noms des départements et des communes (1)	Noms des établissements ou des propriétaires (2)	Régime de propriété (3)	Noms des sources (4)	Nature des eaux : classe (5)	Nature des eaux : désignation (6)	Situation géologique des orifices par lesquels les sources arrivent au jour (7)	Température en degrés centigrades (8)	Débit moyen par minute (9)	Usage des eaux : interne (10)	Usage des eaux : externe (11)	Nombre des sources exploitées (12)	Nombre des baignoires (13)	Nombre des piscines (14)	Nombre des malades en 1881 : [illegible] (15)	Nombre des malades en 1881 : [illegible] (16)	Dates des actes administratifs (17)	Étendue du périmètre de protection (18)	Observations (19)
								litres.									hect. a. c.	
CONSTANTINE.																		
Clauzel	Hammam Meskoutine. (Établissements civil et militaire.)	E.	Hammam Meskoutine (Sources nombreuses.)	IV. IV. I. III.	Chlorurées sodiques et calciques Sulfatées et carbonatées Griffon sulfureux Griffon ferrugineux	Terrain quaternaire; mais tout porte à croire que les sources dérivent d'un pointement jurassique souterrain	18 à 95	20,000	″	+	(*) 6	″	12	″	700	A. G. 18 décembre 1863	″	L'établissement militaire est pourvu d'appareils hydrothérapiques et d'appareils d'inhalation; bains de vapeur établis sur un point d'émergence même. Les deux établissements sont très fréquentés, avant et après l'été.
Constantine	Sidi-M'eid	P.	Sidi M'eid. (Sources nombreuses.)	I.	Légèrement sulfureuses et ferrugineuses	Calcaire cénomanien	32	5,400	″	+	(*) 2	8	3	″			″	Établissement très fréquenté par la population de Constantine, mais sans propriétés thérapeutiques notables.
	Salah-Bey		Salah-Bey	IV.	Carbonatées calciques	Post pliocène lacustre des environs de Constantine	28	2,400	″	+	1			″			″	Établissement ancien très fréquenté des indigènes, mais sans propriétés thérapeutiques notables.
Jemmapes	Oued Hamimine	E.	Oued Hamimine (Sources nombreuses.)	IV. III. I.	Sulfatées calciques Griffon ferrugineux Griffon sulfureux	Schistes argileux phylladiens (sédiments internes) Idem Idem	35 à 50	35	″	+	(*) 3	″	6	″			″	Établissement point encore régularisé, où l'on trouve [illegible] indigènes [illegible] à la fois, logeant, l'Hôtel ouvert à l'établissement.
Souk-Ahras	Hammam Ouled-Zeïd	E.	Hammam Ouled-Zeïd	I.	Sulfureuses	Calcaire suessonien	30		″	+	1	″	4	″			″	Établissement construit par le génie, très fréquenté par la population indigène. — Le débit de la source est très abondant.
Biskra	Hammam de Biskra	E.	Hammam Salaïn	IV.	Chlorurées sodiques	Pliocène lacustre du nord de Biskra. La source paraît en relation avec un pointement crétacé inférieur souterrain	45	3,000	″	+	1	″	4	″			″	Établissement construit par le génie, très fréquenté des indigènes et des Européens.
Oued-Amizour	Hammam de l'Oued-Amizour	E.	Hammam de l'Oued-Amizour	IV.	Sulfatées calciques	Nummulitique supérieur au voisinage d'un massif éruptif étendu	50		″	+	1	″	1	″			″	Piscine fréquentée par les indigènes et les Européens du village. — Le débit de la source est faible.
Takitount	Takitount	E.	Aïn-Hamza	II.	Acidulées bicarbonatées sodiques	Calcaire senonien		3	+	″	1	″	″	″			″	Eau limpide; comparée à l'eau de Vichy, elle est plus riche en gaz et moins bicarbonatée [illegible].
							Totaux.	30,838			(*) 14	8	30	″	700			(*) Observation. Nombre total, en rapport avec la diversité des eaux, mais inférieur au nombre réel.
ORAN.																		
Oran	Bains de la Reine	P.	Non dénommée	IV.	Salines chlorurées sodiques	Schistes d'Oran (anciens ou peut-être triasiques)	55	250	″	+	1	18	1	″	200	Concession à perpétuité dans septembre 1862	″	Cette source a été utilisée par les Espagnols antérieurement à la conquête française.
Hammam bou-Hadjar	Hammam bou-Hadjar	E.	Hammam bou-Hadjar. Hammam Sidi-Aït	II. II.	Alcalines (bicarbonatées sodiques) Idem	Atterrissement récent quaternaire Idem	22 à 75	140	″	+	2	2	2	″	100	D. V. : D. P. 25 janvier 1879. Idem	107 90 00	La concession est encore pendante. — Le débit devant être réduit au déversement, [illegible] d'émergence par les dépôts.
Mixte de Mascara	Hammam bou-Hanifia	E.	Hammam bou-Hanifia	IV.	Salines (carbonatées calciques)	Aptien	58	450	″	+	1	″	4	″	250		″	Établissement bâti par le génie militaire.
Mixte de Marnia	Hammam bou-R'ara	E.	Hammam bou-R'ara	IV.	Thermales simples	Miocène moyen	48	720	″	+							″	Idem.
	Hammam Sidi Cheikh	E.	Hammam Sidi-Cheikh	IV.	Salines (chlorurées sodiques)	Idem	33	600	″	+	3	″	4	″	950		″	
	Hammam Sidi-bel-Kheir	E.	Hammam Sidi-bel-Kheir	IV.	Idem	Idem	36	120	″	+							″	
Mixte de Bellaue	Ouled Sidi-Brahim	E.	Ouled Sidi-Brahim	IV.	Salines (chlorurées sodiques)	Idem	66	60	″	+	1	″	″	″	300		″	Les indigènes se baignent dans des trous creusés aux points d'émergence.
Mixte de Saïda	Hammam Ould-Khaled	E.	Hammam Ould-Khaled	IV.	Idem	Oxfordien	45	480	″	+	1	″	1	″	250		″	Piscine naturelle.
Mixte de Tlemcen	Aïn Sidi-Abdelli	E.	Aïn Sidi-Abdelli	IV.	Salines (carbonatées calciques)	Idem	38	2,400	″	+	1	″	1	″	150		″	
Mixte d'Ammi-Moussa	Aïn Mentila	E.	Aïn-Mentila	I.	Sulfureuses	Crétacé inférieur	32	6	″	+	1	″	1	″	40		″	Est l'objet d'une demande en concession.
Aïn-Nouissy	Aïn Nouissy	E.	Aïn-Nouissy	I.	Idem	Pliocène	18.5	12	″	+	1	″	1	″			″	
							Totaux.	5,508			12	20	15	″	1,900		107 90 00	

RÉSUMÉ GÉNÉRAL,

PAR DÉPARTEMENT,

DES SOURCES MINÉRALES EXPLOITÉES

AU 1ER JUILLET 1882.

Résumé général des sources minérales exploitées au 1er juillet 1882.

DÉPARTEMENTS.	NOMBRE total des sources exploitées.	CLASSEMENT à raison du caractère médical ou physico-chimique prédominant. Sources sulfureuses (I).	Sources alcalines (II).	Sources ferrugineuses (III).	Sources salines (IV).	SOURCES froides jusqu'à 15°.	SOURCES thermales au-dessus de 15°.	TEMPÉRATURE des sources la plus basse.	TEMPÉRATURE des sources la plus élevée.	DÉBIT CONNU des sources par minute.	SOURCES EXPLOITÉES à l'intérieur.	SOURCES EXPLOITÉES à l'intérieur et à l'extérieur.	SOURCES EXPLOITÉES à l'extérieur.	ÉTABLISSEMENTS [illegible]	ÉTABLISSEMENTS [illegible]	BAIGNOIRES et piscines B.	BAIGNOIRES et piscines P.	NOMBRE de malades en 1881.
								degrés.	degrés.	litres.								
Ain	1	»	»	1	»	1	»	31		16	»	1	»	1	»	10	»	20
Allier	27	»	21	1	5	12	15	9,4	53	1,192	16	9	2	7	4	533	17	10,430
Alpes (Basses-)	8	8	»	»	»	1	7	15	47	1,350	»	8	»	3	»	26	5	584
Alpes (Hautes-)	5	»	»	1	4	1	4	13	38	321	2	3	»	2	2	1	10	630
Alpes-Maritimes	4	4	»	»	»	1	3	14	29,5	172	»	4	»	2	»	4	6	400
Ardèche	77	»	67	2	8	63	14	6	53,5	607	59	10	8	0	29	171	10	6,855
Ariége	69	42	17	2	8	5	64	12,5	77,5	1,742	14	14	41	13	»	360	3	8,130
Aude	14	3	6	»	5	1	13	12	51	1,833	3	7	4	5	»	131	»	6,148
Aveyron	26	7	7	10	2	21	5	10	36	179	10	13	3	8	0	93	4	6,461
Bouches-du-Rhône	3	1	»	»	2	»	3	16	35	3,311	»	3	»	3	»	60	2	1,450
Cantal	34	»	30	4	»	6	28	8	81	441	32	2	»	1	12	23	»	2,220
Charente	3	»	»	»	3	3	»	15		1	3	»	»	»	1	»	»	»
Charente-Inférieure	2	»	»	2	»	»	2	18		2	2	»	»	»	1	»	»	»
Corse	15	10	»	5	»	5	10	10	58	453	5	7	3	10	4	122	43	3,970
Côte-d'Or	1	»	»	»	1	1	»	10,5		1	1	»	»	»	1	»	»	2,600
Côtes-du-Nord	1	»	»	»	1	1	»	13		»	1	»	»	»	1	»	»	»
Creuse	18	»	»	»	18	»	13	37	57	133	1	1	10	1	»	34	3	548
Doubs	1	1	»	»	»	1	»	15		20	»	1	»	1	»	18	»	125
Drôme	9	2	»	»	7	8	1	10,5	16	479	3	6	»	5	3	108	»	1,087
Eure	1	»	1	»	»	1	»	10		»	1	»	»	»	1	»	»	»
Finistère	1	»	»	»	1	1	»	12		6	1	»	»	»	1	»	»	»
Gard	23	18	»	1	4	10	4	10	23	734	7	8	8	8	2	147	1	1,134
Garonne (Haute-)	31	18	»	4	9	3	28	15,5	71,5	392	8	11	12	9	4	220	5	14,239
Gers	23	15	»	2	6	»	23	15,5	35,3	510	2	10	11	7	»	90	11	2,736
Gironde	3	»	»	3	»	3	»	11	12	800	2	1	»	1	1	10	»	35
Hérault	21	»	12	5	4	4	17	15	48	1,103	11	8	2	6	4	60	28	7,219
Indre-et-Loire	1	»	»	1	»	1	»	12		»	1	»	»	»	1	»	»	»
Isère	15	4	4	6	1	11	4	10	57	659	8	6	1	6	4	231	3	3,483
Jura	2	»	»	»	2	2	»	10,5	15	550	»	2	»	2	»	122	2	1,030
Landes	22	10	»	1	11	3	19	15,5	59,8	1,072	1	12	9	14	1	178	65	12,951
Loire	38	3	31	4	»	26	12	10,5	34	1,118	24	12	2	3	15	65	1	3,013
Loire (Haute-)	8	»	4	4	»	7	1	12	16	23	8	»	»	»	6	»	»	»
Loire-Inférieure	1	»	»	1	»	1	»	15		5	1	»	»	»	1	»	»	»
Lot	4	»	»	1	3	4	»	15		102	4	»	»	»	3	»	»	1,200
Lot-et-Garonne	2	»	2	»	»	2	»	14,5		50	»	2	»	1	»	11	»	38
Lozère	16	4	3	9	»	11	5	14	41	350	11	5	»	2	3	46	6	1,210
Maine-et-Loire	6	1	»	5	»	6	»	10	15	12	»	6	»	2	»	20	»	400
Marne	1	»	»	1	»	1	»	11		24	»	1	»	1	»	30	»	523
Marne (Haute-)	18	»	»	8	10	9	9	9,5	63,5	604	9	9	»	1	7	95	8	2,356
Mayenne	1	»	»	1	»	1	»	12		1	1	»	»	»	1	»	»	»
Nièvre	7	2	»	»	5	5	2	11	20	80	4	3	»	2	1	55	»	2,607
Nord	5	4	»	»	1	»	5	23	24	399	1	»	4	1	»	89	»	120
Oise	4	1	»	3	»	4	»	9	19	300	3	1	»	1	1	24	»	350
Orne	2	1	»	1	»	1	1	13	25	270	1	1	»	1	»	38	»	900
Puy-de-Dôme	94	»	83	8	3	18	76	8	60	3,371	44	33	17	10	17	435	21	18,019
Pyrénées (Basses-)	31	25	»	2	4	16	17	8,5	36,2	1,587	6	16	9	8	1	156	2	7,815
Pyrénées (Hautes-)	64	31	»	9	24	13	51	8	52	4,835	8	40	16	23	4	422	10	44,470
Pyrénées-Orientales	69	66	3	»	»	»	69	16,5	78	3,403	25	25	19	12	1	203	7	7,073
Rhône	1	»	»	1	»	1	»	9,5		55	»	1	»	1	»	29	3	401
Saône (Haute-)	20	»	»	3	17	2	18	11	60	403	2	7	11	1	2	71	5	1,580
Saône-et-Loire	6	»	»	1	5	1	5	15	55,8	223	»	1	5	2	»	55	2	532
Savoie	13	6	2	1	4	6	7	11	47	5,801	2	4	7	8	2	126	13	9,368
Savoie (Haute-)	19	4	10	2	3	12	7	8	44	1,402	4	15	»	6	2	108	1	6,477
Seine	9	2	»	7	»	8	1	10	16	118	9	»	»	»	4	»	»	»
Seine-Inférieure	4	»	»	4	»	4	»	6	12	53	1	3	»	1	1	6	»	220
Seine-et-Marne	1	»	»	1	»	1	»	12		»	1	»	»	»	»	»	»	»
Seine-et-Oise	22	16	»	1	6	19	3	11	17	275	6	16	»	5	»	86	7	1,245
Sèvres (Deux-)	1	1	»	»	»	1	»	10		4	»	1	»	1	»	12	»	12
Somme	2	»	»	2	»	2	»	11		75	1	1	»	1	1	»	»	»
Tarn	5	2	»	1	2	2	3	10	21,5	189	2	1	2	2	2	26	»	»
Vaucluse	13	3	3	2	5	1	12	12	20	209	»	13	»	5	»	89	7	3,100
Vienne	3	3	»	»	»	2	1	11	15,5	40	»	3	»	1	»	20	»	150
Vosges	76	1	48	1	26	22	54	10	68	1,381	16	29	31	4	7	251	18	5,153
TOTAUX	1,027	318	354	135	219	386	641	6	81	46,412	388	396	243	226	165	5,346	328	220,917
ALGÉRIE.																		
Alger	21	4	1	»	16	»	21	16	70	1,556	3	»	18	5	2	4	10	2,050
Constantine	14	5	1	2	6	»	14	28	95	30,538	1	»	13	7	1	8	30	790
Oran	12	2	2	»	8	»	12	18,5	75	5,568	»	»	12	11	»	20	15	1,900
TOTAUX	47	11	4	2	30	»	47	16	95	37,962	4	»	43	23	3	32	55	5,640
TOTAUX GÉNÉRAUX	1,074	330	358	137	249	386	688	»	»	84,374	392	396	286	249	168	5,378	383	226,557

Vu et présenté :
Le Conseiller d'État, Directeur des Routes, de la Navigation et des Mines,
E. LEBLANC.

Vu :
Paris, le 2 avril 1883.
Le Ministre des Travaux publics,
D. BAYNAL.

www.ingramcontent.com/pod-product-compliance
Ingram Content Group UK Ltd.
Pitfield, Milton Keynes, MK11 3LW, UK
UKHW021516260726
13993UKWH00004B/1699

9 782329 149394